LES CRONIQUES

DE LA NOBLE VILLE ET CITÉ DE METZ,

Depuis la fondation d'icelle, de quels gens, & en quel temps elle fut construite.

A METZ,

Chés la Veuve BOUCHARD, ruë de la Vieille Tape, à la Bible d'or.

M. DC. XCVIII.

IHS

CRONIQUES
DE LA NOBLE VILLE
ET CITÉ DU MANS
Depuis la fondation d'icelle
les quels gens, & en quel
tems elle a été conduite

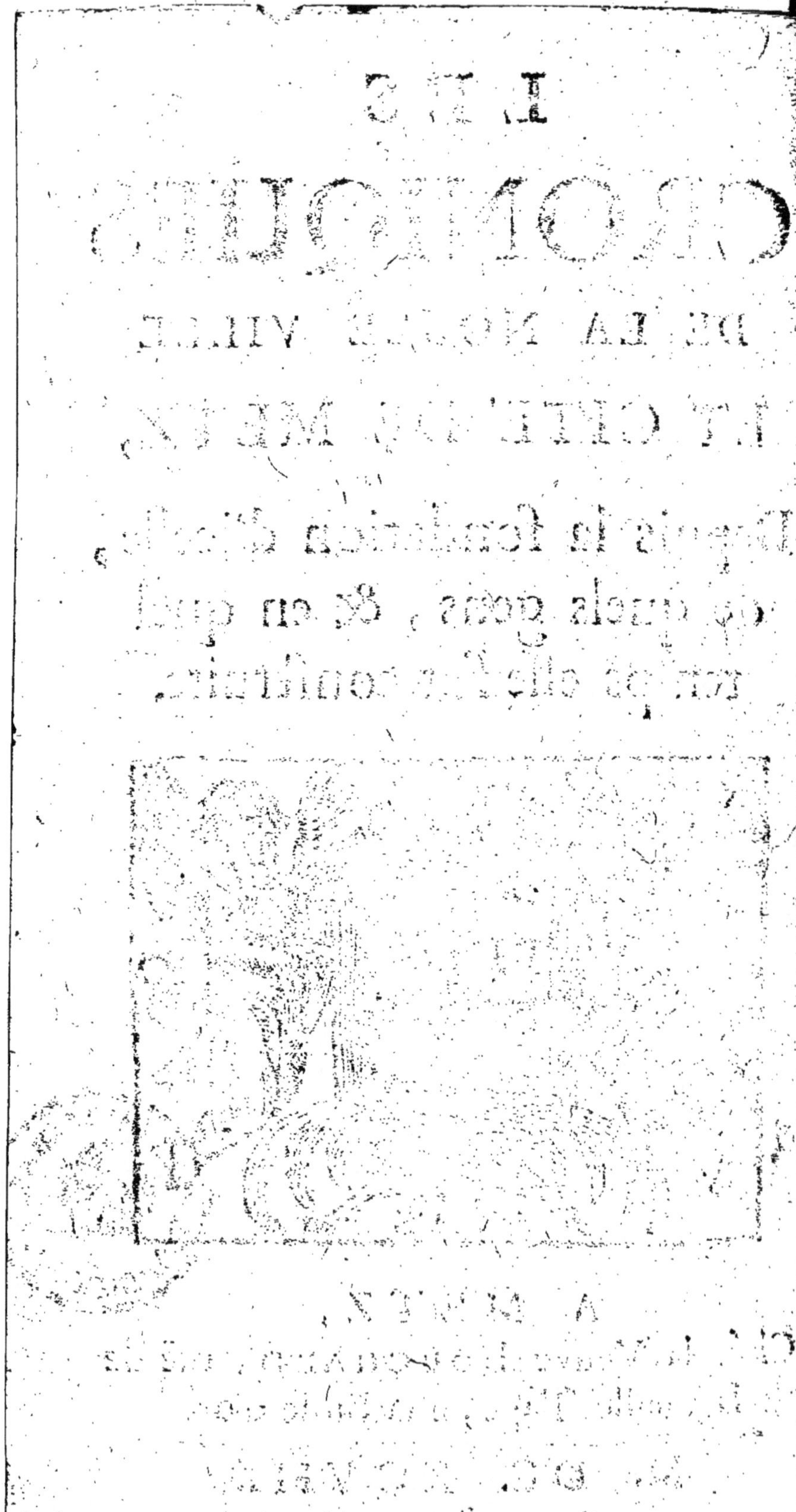

A PARIS,

LES CRONIQUES
DE LA NOBLE VILLE
ET CITÉ DE METZ,

Depuis la fondation d'icelle, de quels gens, & en quel temps elle fut construite.

IEU soit à mon commen-
cement,
Et JESUS-CHRIST pareillement;
Afin qu'à tous soit notoire
Cette Cronique, pour en avoir mémoire.
 Adam qui fut le premier homme,
Nous damna tous pour une pomme
Mangée en Paradis terrestre,
Et ne pouvoit que de terre être.
 Par son peché tout fut péry,
Et jugé d'être en terre poury,
Et tous à la mort condamnez
Ceux qui sont depuis ce temps nez.
 Tant furent mauvais les humains,
Aujourd'huy mauvais, pire demain,
Usant de peché en peché,
Que Dieu les fit tous dépêché.

A

CRONIQUES

Quand Dieu eut Sentence renduë,
Que nature seroit confonduë,
Détruite, & tout l'humain lignage,
Il reserva huit personnages.

Noé, sa femme, & ses trois fils,
Et leurs trois femmes ; & puis leur fit
Faire une Arche pour être à refuge
A passer le grand & horrible Déluge.

Tout le reste des gens dévoyez
De raison, furent tous noyez,
Ainsi que Dieu l'avoit octroyé,
Que le lieu en fut nettoyé.

Aprés la grande destruction
De l'humaine generation,
Noé fit restauration
En grand peine & affliction.

Le bon Noé tant Dieu pria,
Que son peuple multiplia,
Qu'avant sa mort il vit la somme
De vingt-quatre cens mil hommes.

Ses enfans pour Dieu deffier,
Commencerent à édifier
Une Tour magnifique & belle,
Et fut nommée *la Tour de Babel.*

Avant que cette Tour fût faite,
Les langues furent contrefaites,
Que l'un & l'autre point n'entendoient
S'ils donnoient ou s'ils demandoient.

Par rigueur tout appertement,
Prinrent tous leur département,
En allant par grand legion
Tous en étrange nation.

Adam, & Noé qui fit l'Arche,
Abraham, & les Patriarches,
Et tous les autres anciens Peres,
Firent merveille sur la terre.
  Aprés cette division
Partirent par conclusion
De cette Tour de Babilone
Quatre notables personnes.
  La premiere étoit une femme,
Fille de Noé, sœur de Sem,
Et dudit Sem trois Seigneurs,
Tous trois ses fils dignes d'honneurs.
  Cette Dame avoit nom Azita,
Qui ses trois neveux visita,
Le premier avoit nom Quetels,
L'autre Jazel, & le tiers Zelecqs.
  Ces quatre prompts & diligens,
Accompagnez de maintes gens,
Se mirent en chemin & voye
Ainsi que Dieu ses amis convoye.
  Tant cheminerent par le monde,
Par terre, par eau, & par onde,
Qu'ils reposerent dans un lieu
Qui depuis fut nommé *Mont de Dieu.*
  Tous avoient peris en un temps,
En peine & travail dix-sept ans,
Par le monde en plusieurs propos,
Sans trouver ny aise ny repos.
  Là arrêterent en bon propos,
A grand soulas & repos,
Menant petite mélodie,
Maints étoient battus de maladie.

Abra-
ham.

Azita,
Quetels,
Jazel, &
Zelecqs.

Premier
nom de
Metz.
Mont
de Dieu

Là trouverent si tres-doux air,
Fruit de goût & debonnaire,
Qu'ils laisserent désolation
Et prirent consolation.

En divisant de leurs étages,
Dirent voicy beaux heritages
Pour nourriture, vendange & moisson,
Bonne riviere & bon poisson.

Ils trouverent encore davantage,
Bons champs, bon bois, & bon fruitage,
Pour nourrir chair & bêtes â laines,
Belles montagnes & belles plaines.

A Dieu donc ils firent sacrifices,
En commençant beaux édifices
De plusieurs noms ; & puis aprés,
Maintenant elle est nommée Metz.

Ces trois Seigneurs & cette Dame,
Commencerent en iceluy Terme.
La noble édification
De Metz la fondation.

Trois Châteaux. Ils firent premier trois Châteaux,
L'un aprés l'autre si tres-beaux,
Qu'il n'y avoit sans nulle faute,
Chose en l'un qui ne fût en l'autre.

Quand ces trois Châteaux furent faits,
Et à leur vouloir bien fort parfaits,
Plus riches étoient à leur calme,
Que n'est maintenant un Royaume.

Lors Azita la noble Dame,
Leur dit : Mes enfans par vos ames
Je vous ay servi, servez-moy,
Chacun est au monde pour soy.

Tous répondirent d'un accord :
Dame, vous êtes nôtre reconfort ;
Tous, vôtre vouloir nous ferons :
Commandez nous vous fervirons.

Par fon vouloir adonc tres-difficile ,
Plein de grand fens artificielle ,
Fit commencer œuvre admirable ,
De grand puiffance innumérable.

Cette notable Damoifelle ,
Fit faire un Pont fur la Mofelle ,
De fi tres-grande magnificence
Qu'il valoit d'un Roy la puiffance.

Le Pont fur Mofelle.

Ce Pont fût de montagne en autre ,
Sur fortes arches groffes & hautes ,
De la longueur tant qu'elle dure ;
Chacun en peut encor voir la mefure.

Quand fon œuvre vit achevée ,
Et fes arches ainfi élevées ,
Dît, Jeay ainfi de mon vouloir joüy ,
Et dit-on depuis, *les Arches de Ioëy.*

Jeay, ainfi Joëy.

Et cette édification
Fut pour la doutation
Du Deluge craignant revenir ,
D'iceluy chacun fe doit fouvenir.

Noel fut furnommé Gallus ,
Et de luy vint un nommé Galatus ,
Où Gaule prît fon fecond nom ,
Digne Païs de grand renom.

Noel, Gaulus, Galatus, Gaule.

Mais devant que fût Samottés ,
Etoit ja la Cité de Metz ,
Dite alors Dividivium ,
Gouvernée par des Prudhommes.

Samottés d'Europe fut le Roy,
Avant qu'oncques charts ny charoy,
Ny charuë, ny moulin, ny four,
En Europe regnât leur tour.
De la grace du Saint-Esprit,
On trouve en plusieurs Ecrits,
Les opinions des Poëtes,
Corrigez sous la Fouëttes.
Ceux-là ont écrit les vrais termes,
Et aprés eux je m'afferme,
Et mets par écrit en peu dé memoire,
Au lieu de parfaite histoire.

Metz vieille & antique. Sur tous les termes politiques,
Metz est si vieille & si antique,
Que l'an du monde vingt-six cens
2659. Cinquante-neuf fut son cômencement.

Metz 147. ans aprés le Déluge commen-cée. Ce fut aprés le grand Déluge,
Ainsi que l'Ecriture le juge,
Quatre cens & dix-sept ans.
Fut commencée en cettuy an.
Or retournons aux personnages,
De leurs gens & de leurs ouvrages,
C'étoient de curieuses gens,
Et en leurs ouvrages fort diligens.
En leur édification,
Si grande multiplication
Assemblerent, ce dit la lettre,
Qu'ils ne savoient ou leurs biens mettre.
Si leurs vinrent gens étrangers,
Etran-gers be-ninemēt reçûs. Demandans être avec eux logés,
Lesquels benignement ils reçûrent,
Et ensemble bons amis furent.

Par peu de lieu neceſſité,
Fut de ragrandir la Cité,
La firent relargir & clorre,
Aſſurez furent comme en gloire.

Ces nobles nouveaux ſurvenus,
Quand enſemble furent connus,
La Cité du dévis d'un homme,
Fut nommée Dividivium.

Et pour les ſurvenans craindre,
La firent de murailles ceindre
Tout à l'entour, fors un quartier
Pour ragrandir quand il ſeroit neceſſité.

Second nom de Metz Dividivium

Du Pillier de Marbre trouvé en une Tour.

Pour l'œuvre plus magnifier,
Firent une Tour édifier,
Un Pillier au fond de la Tour
Etoit écrit de lettres tout à l'entour.

D'or étoit l'écrit magnifique,
En lettres latines authentique ;
En intention actuelle
De memoire perpetuelle.

Pillier de Marbre, écrit d'or à l'entour

Hæc eſt ſcriptura nobilium temporis deffieientur. in ficia coventrentur ad in nobilis.

Et puis quand leur Cité fut cloſe,
Les noms donnerent à pluſieurs choſes,
Et pour les monts la cauſe eſt celle,
Pourquoy eut le nom de Moſelle.

Moſelle

CRONIQUES.

L'autre riviere dont elle sourde,
Et toûjours lente, coye, & sourde,
Et qui court tant par eau sallée,
Pour ce fait fut Saille appellée.

Aprés plusieurs noms raisonnables,
Conséquemment bien veritables,
Ordonnerent par droiture,
Chacun nom selon sa nature.

Aprés celuy temps longues espaces,
Ainsi comme le temps se passe,
Survint cinq étrangers Seigneurs,
Qui leurs furent tres-grandes rigueurs.

Premier Estes & Aucunus,
Similien & Ascanus,
Et Carpantus, noms tres-sauvages
En nôtre robuste langage.

La Cité étoit ja fermée,
Et de murailles environnée,
Fors qu'un lieu fermé de pallis,
Par lequel ils furent assaillis.

Cette saillie fut faite en la ruë qu'on dit Force-faite, & pource en porte elle encore le nom.

Mais des Citoyens redoutez,
Furent rudement rebutez,
Néanmoins d'estocq & de taille,
Ce lieu eut nom Force-faite.

Ces étrangers dirent par dépit,
Nous prendrons d'iceluy répit,
Et édifierons pour nous,
Et temporiserons comme vous.

DE METZ.

Un Château firent vers Midy,
Tout ainſi qu'ils avoient dit,
Tôt aprés ; & pour ſçavoir le ſigne,
Le lieu eſt où eſt Sainte Gloſſine.

Tôt aprés firent leur mention
Gens de diverſe Nation,
Hebreux, Egyptiens, Allemans,
En regnans tous égallement.

Ces cinq Seigneurs tant terribles,
Devinrent aprés ſi paiſibles,
Que tous enſemble furent mis,
Et furent aux Citoyens amis.

Des Hebreux natifs de Hebert,
Vint un enfant nommé Trebert,
Et de Trebert Orrébeta,
Pour fonder Tréves s'apprêta.

Trebata par peine & à ham,
En l'an ſixiéme d'Abraham,
Ainſi que l'Ecriture preuve,
Commença à conſtruire Tréves.

Ces anciens parens & amis,
Furent extraits de Seramys,
Dame & Roine inſtituée
De Babilone, en fut tuée.

De leur regne fut blanc ou gris,
Iſſut un fils nommé Teugris,
Qui prît des finances en grand nombre,
Vint édifier la Cité de Tongres.

Teugris fut fils de Torquitus,
Torquitus fut fils de Troyeus,
Troyeus fut fils d'Hector ſecond,
Deſcendu de Cambloba ſecond.

La Cité fit & ordonna,
Et Tongres son nom luy donna,
Par luy fut la Cité instruite,
Et par un autre détruite.

Metz
noble
Cité.

   Revenons à nôtre Cité,
Que son honneur soit visité,
Commencée fut noblement,
Et noble toûjours conséquemment.

   En ensuivant grandes successions,
Gens nobles de toutes Nations,
Firent de grandes œuvres manifestes,
Dont on doit solemniser la fête.

Le Pont
Raymont
Ajest.

   Un noble homme de renom,
Fit & fonda le Pont Raymont,
En la ruë qu'entour y est,
Qu'on dit la grande ruë Ajest.

   Ajest en leur construction,
Est entendu oy-il jonction,
Mottée avec la Cité,
Qu'étoit de grand necessité.

   Raymondus de son voulois
Le fit faire de son avoir,
Raymondus avoit à nom,
Et son nom luy donna Raymont.

   En celuy temps un des hommes
De la Cité, riche de grand somme,
Fit édifier tout à neuf,
Depuis Ajest jusques en Verviseneuf

   Avint une fois en joyeuseté,
Qu'un Seigneur de la Cité
Leur dît : Bien venu soyez, Voisin neuf
Quand ajoûtez vieux avec neuf.

Par ce moyen Voiſeneuf eut nom,
Et depuis n'a perdu le nom :
Déja fut que pas n'étoit changes,
Et depuis y furent les Changes.

Aprés la vie vient la mort,
Qui eſt un commun reconfort ;
Ces gens laiſſerent des Maimbourgs
Qui firent faire les neuf Bourgs.

*Les neuf
Bourgs.*

Au plus haut lieu de la Cité,
Y étoit un Pillier planté,
Et ſur ce Pillier une Idole,
De Jupiter étoit le molle.

*L'Idole
de
Jupiter.*

Et diſoit-on Jupiter rüe,
Depuis on ne dit que Jurüe,
Pour Jupiter qui en ce lieu
Etoit adoré comme Dieu.

Jurue.

Tout le peuple en communauté,
En faiſoient grande ſolemnité
Le Jeudy de chaque ſemaine,
Ainſi que leur Sabat ſe meine.

Pour la fête ſolemniſer
Le Jeudy & temporiſer
En ſoulas & ébattemens,
C'étoit tout leurs contentemens.

Leur Sabat étoit d'adorer
Leur Jupiter, & l'honorer
De monde & d'inclination,
Et n'avoient autre dévotion.

*Religion
peinte.*

Ne faiſoient que tribouler,
Chanter, ſauter, danſer, baller,
N'avoient nul empêchement,
De Meſſe ny de prêchement.

Dieu ne servoient en nulle guise,
Et oncques n'avoient vûs d'Eglise,
Droit, ny Loix, ny saintes Ecritures,
Et vivoient tous à l'avanture.

Tenoient justice. Néantmoins ils tenoient Justice,
Et avoient une telle Police,
Que celuy qui méfaisoit à l'autre,
Tel cas luy faisoit-on sans faute.

Tres-utile d'œuvre mécanique,
Etoient en leur loy paganique,
Desiroient de sainteté sçavoir,
Et aussi des richesses avoir.

Les Seigneurs sans division
Eurent ensemble conclusion
D'ordonner un lieu commun,
Pour toûjours mais â un chacun.

Auprés de Saille y avoit un champ,
Le Champ-à-Saille. Où Seigneurs, Bourgeois & Marchands,
Et toute la Communauté,
Faisoient grande solemnité.

Parceque parmy passoit Saille,
Etoit nommé le Champ-à-Saille,
Dont nul n'en étoit possessans,
Mais étoit commun à tous passans.

Afin qu'on ne puisse conquêter,
Sur ledit Champ, ny attenter
Par force d'estocq & de taille,
Firent clorre ledit Champ-à-Saille.

Clorre donc le firent de garniture,
Par ordre & par telle mesure,
Que depuis n'y eut faute aucune,
Et est encore place à chacun commune.

DE METZ.

C'est une Place profitable,
A tous habitans delectable,
En la Cité bien située,
Et de Prudhommes conftituée.

Château, Palais, Cour, Edifice,
N'y a en la Cité fi propice :
Car pour fervir à toutes gens
Il vaut au moins cent marcs d'argent.

Cette Place fut manifefte
Pour tous ébattemens & fêtes,
Pour courir, jouxter, & marcher,
Et pour tenir Foire & Marché.

Longtemps furent fans ordonnance,
Sans écrit que par convenance,
Sans loy, fans regle, & fans police,
Chacun ufoit de fa malice.

En celuy temps chacun faifoit,
A leur volonté chacun ufoit,
De tout mêtier & de toute pratique,
Sans repugnance ny republique.

Pour abolir fraude & ufures,
Ils ordonnerent des mefures
Pour livrer froment & avoines,
Orges, pois, féves, & toutes graines.

Auparavant point n'en ufoient,
Tous au marchander s'abufoient,
Chacun queroit fon avantage,
L'un au profit, l'autre au dommage.

Quand leurs mefures furent faites,
Qui furent nommées les quartes,
L'une étoit au vin, l'autre au grain,
Et fut pour la Cité le gain.

Quand leurs Statuts furent réglées,
Pour livrer avoines & islées :
Et là ils tenoient leurs tals,
Et pour ce nommé le Quartals.

Le Quartal

Là se tenoient les Quartiers ;
Et puis pour tous autres Métiers
Qui usoient sans ordonnances,
Furent établis poids & balances.

Poids & balances établies.

Qui avoit chair il pouvoit vendre,
Bonne & mauvaise sans reprendre :
Celuy qui pratiquoit volontiers,
Pouvoit user de tous métiers.

Tout mal regnoit sans répugnance,
Mais on y mit telle ordonnance,
Icy & en autre païs,
Que maints trompeurs furent ébahis.

Ordonnances.

On ordonna l'écorcherie
Là où est vieille Boucherie,
Ce lieu choisi pour écorcher,
Et pour chair vendre & détrancher.

Vieille Boucherie.

En celuy temps pour mieux accroître,
Chacun disoit ou mien ou vôtre,
Et pour être des bruits suscité,
Issirent hors de la Cité.

Deux Seigneurs de la Cité nés,
Tout d'un accord déterminés,
Dont l'un avoit nom Mousson,
Et l'autre avoit nom Theon.

Mousson.

Theon.

Ces deux Seigneurs étoient freres,
Et vouloient querir autres terres :
Mousson vers midy s'avança,
Et sur un haut mont s'arrêta.

A quatre lieuës de diſtance,
Sur ce mont il fit réſidence,
Et là y fonda en ſon nom
Un Château qu'il nomma Mouſſon. *Mouſſon.*

Et Theon ſi prît la vallée,
En une pleine, belle contrée,
Où il fonda grand domicile, *Thion-*
Qu'il nomma luy-même Thionville. *ville.*

Et puis encore deux nobles hommes
De la Cité, ſages prudhommes,
Dont l'un s'appelloit Thulius, *Thulius.*
Et l'autre nommé Verdunus. *Verdunus*

Ces gens pleins d'or & d'argent,
Accompagnez de maintes gens,
Querans païs par monts & plaines,
Car la Cité étoit trop pleine.

Tullius vers Midy tourna,
Ses gens ouvriers ordonna,
En un lieu loüable & propice,
Là fit fonder beau édifice.

Vertueux fut & diligent,
Par puiſſance d'or & d'argent,
Par art de diverſité,
Il édifia une Cité.

Tullius Toul nomma, *Toul.*
Aprés ſon nom beaucoup l'aima,
Et y mît regne & police,
Et la fit régir par Juſtice.

Verdunius devers Occident, *Verdun.*
En un beau grand val deſcendant,
S'arrêta avec ſon exercite
En plaiſant lieu, beau & licite.

Là prenant consolation,
Il fit belle occupation,
Beau mont, beau bois, belle prairie,
Bons champs, bons préz, riviere jolie.
Tres-puissamment s'appareilla,
Et fort son peuple travailla,
Ouvrant chacun de son office,
En commençant grand édifice.
Tant ouvra & tant exploita,
Que son ouvrage fort augmenta,
Prit confort contre adversité,
Et en ce lieu fit une Cité.
Verdun. A ces gens dît : Soyez tous d'un
Accord de la nommer Verdun.
Mon nom Verdunius je requiert,
Car ce nom luy convient avoir.
Or reprenons nôtre matiere
De nôtre Cité la premiere,
Que de gens tant multiplioit,
Que soûtenir ne les pouvoit.
Assez n'étoit longue ny large,
De haut, de bas, ny en étage,
Ronde, quarrée, ou angulaire,
Pour nourrir si grand populaire.
Les sept premieres portes de la Cité,
Les vieux écrits si nous ont expliqué,
Qu'en la Cité il y avoit sept portes,
Tres-necessaires, belles & bien fortes.
Porte Moselle, porte Saillis,
Porte Champé, porte en Curtis,
Et puis la porte Cotidiane,
Qui fut la porte Meridiane.

Et puis

DE METZ.

Et puis plus bas fur la riviere
Etoit la porte Lavandiere,
Et en defcendant plus fur l'eau,
Etoit la porte aux Chevaux.
  Si, fçavez compter vos receptes
Des portes, vous en aurez fept,
Sans les Huis & fans les Portieres,
Et encore quelqu'autres Guicheres.
  Depuis ces Portes en Curtis,
Par la lettre en fommes avertis,
Tranchoit un foffé mol ou dure,
Tout outre jufques en Engleure.
  Mais au milieu étoit la porte
(Ainfi que l'écriture rapporte)
Meridiane, étoit nommée,
Là où Romefalle eft fondée.

D'où eft venu l'origine du nom
d'Engleure.

  En un lieu hors de la Cité,
Qu'étoit en la mondicité,
Toutes fanges étoient affemblées,
On appelloit ce lieu Anglée.
  Angle c'étoit fur la Riviere,
Deffus la porte Lavandiere :
Et quand Serpanus y fit mure,
Alors elle fut nommée Engleure.
  En celuy temps par la promeffe
De Menelaus Roy de Grece,
Et de ceux qui tinrent fa bande,
Fut détruite Troye la grande.

B

La des-
truction
de Troye
la gran-
de.

Troye la grande fut detruite
L'an quatre mil deux cens & huit,
Par la fortune de Paris,
Et d'Heleine tout fut pery.

Troyens
éparts
par tout
le monde

Les Troyens prenans leurs départs,
Cherchans refuge de toutes parts,
Au long, au large, & à la ronde,
Furent départis par tout le monde.

De ces Troyens de grand noblesse,
Vinrent grands personnages à Metz,
Qu'alors étoit Dividivium,
Et tous étoient nobles prudhommes.

Serpanus,

Aureus.

Un étoit nommé Serpanus,
Avecque son frere Aureus,
Tous étoient fils de Rois,
Et bonne justice en leurs loix.

Sept no-
bles sages
Troyens.

Et d'autres nobles hommes encor sept,
Tenant logis en leur recepte :
Nobles gens, sages & gracieux,
Sages en conseils & vertueux.

La Cité
de Metz
ragrandie
par les
Troyens.

Aprés la destruction de Troye la
grande Cité,
Ragrandie fut Metz la Cité,
Par les Troyens qui y venoient,
Dont sept nobles à Metz regentoient.

Des sept premiers nobles qui regentirent à
Metz, désquels y a encore de la race.

Dolbus,
Mélādus,
Gournal-
dus, Bau-

C'étoit Dolbus, & Mélandus,
Gournaldus, & Baudochus,
Reguillo, & Chaversanus,
Et l'autre étoit Leopardus.

DE METZ.

Ils vinrent gracieusement
Demander amoureusement
Pour leurs deniers être reçûs,
Et ils n'en firent pas refus.

   Quand logez furent en la Cité,
Gens pleins de grande felicité,
Leur conseil donna reconfort,
La Cité en fut bien plus fort.

   Quand Serpanus le Troyen
Fut averty des Citoyens
De leurs nobles fondations,
En fit de grandes récréations.

   Grand nombre de gens il avoit,
Lesquels labourer il faisoit,
Nourrir, payer bien largement,
Pour faire leurs ébergemens.

   Tant de maisons & de terrages,
Firent tant étroites que larges,
Et de notable menandie,
Que la Cité fut ragrandie.

   Un Château taillé & muré,
Fit faire pour y demeuré,
Mais quand il fut bien ébergé,
Le redéfit pour abregé.

   Ce Château de noble façon,
Etoit en-delà de Mousson,
Il fut défait, ce fut dommage,
De Maison en fit un Village.

   Ce Village est nommé Serpane,
Où Serpanus, ou Champagne,
Devant Metz fit mener pierre,
Pour ouvrer en autre maniere.

B 2

dochus ;
Reguillo,
Chaver-
sanus, &
Leopar-
dus.

Serpanus
Troyen.

Metz ra-
grandie.

Château
de delà
Mousson.

Serpanus.

Porte Serpenoi-se.

On les prépara en telle sorte,
Qu'ils en firent faire une porte,
Grosse & haute de plusieurs toises,
Et eut nom Porte Serpenoise.

Ces nobles Chevaliers de Troye,
Tant riches d'or & de monoye,
Firent chacun si grand devoir
D'édifier de leur avoir.

Porte au Reigne.

Aureus fit la Porte aux Areignes,
Qu'on disoit la Porte au Reigne :
Mais Aureus aux vrais Contenus.

Porte S. Thiebaut.

Avoit nom aprés Aurénus.
La Porte dont je fais dévis,
Est encore droite à mon avis,
De Serpenoise plus bas ou haut,

Outre-Saille.

Et dit-on Porte Saint Thiebaut.
Cinq de ces-nobles Chevaliers,
Firent étoffe appareiller,
Pour clorre & ceindre du muraille,
Tout ce qui est Outre-Saille.

Des Portes outre Muzelle.

Des murs & deux portes tres-belles,
Firent aussi faire outre Muzelle,
Deux de ces nobles Chevaliers,

Porte Mélan-dui,

Qui en vertus étoient exercez.
Deux portes y firent belle & grande,
L'une se nommoit Porte Mélande,

Porte Dalbus.

Prenant son nom de Mélandus,
Et l'autre celuy de Dalbus.

Ces Troyens firent en la Cité,
Biens, honneur, & felicité,
Et prirent grande diligence
D'y mettre police & régence.

DE METZ. 25

Serpanus fut accertencé,
De plusieurs grands de la Cité,
Pour chercher terres & heritages,
Comme gens de vaillans courages.

Ainsi comme en écrit on treuve,
Un de ces nobles fonda Tréve,
L'autre Toul, & l'autre Verdun,
Mais non pas en un temps tout un.

Et Tréve y a grand difference,
Car avant fut Tréve que France,
Ny que Cité qui en France soit,
Ny qu'oncque fût nom de François.

Troye & Tréve furent authentiques,
Selon les termes politiques,
Devant Paris, Lyon, Milan,
Ny Venise plus de mil ans.

Mais Metz par antiquité
Est la Mere des trois Citez,
Dont elle est en mlieu moyenne,
Et Mere Metropolitaine.

Car aprés la confusion
De Babel & division,
Fut Metz la Cité ordonnée,
Aprés la dix-septiéme année.

Au temps de Membrot fils de Cham,
Cinq cens ans devant Abraham,
Et vingt-cinq, selon les lettres
Que Clercs ont sçû écrire & mettres.

Comment la Cité fut nommée
MEDIOMATRICUM.

<table>
<tr><td>

Troiſiéme nom de Metz, Midiomatricū.

</td><td>

Quand Serpanus eut bien enquis
D'où le Fondateur a nâquis,
Le nom ôta Dividivium,
Et mit Mediomatricum.
  Et pourtant il eſt à entendre,
Pour au vray la choſe comprendre,
Que Mere par droit de nature,
Doit préceder ſa geniture.

</td></tr>
<tr><td>

Metz mere à trois Citez.

</td><td>

  Metz eſt donc mere à trois Citez,
Comme cy-devant eſt récité,
La choſe en eſt bien autentique
Par ſon nom Mediomatrique.
  Ces Seigneurs de grande ſapience,
Firent maintes belles Ordonnances,

</td></tr>
<tr><td>

Outre-Muzelle, Outre-Saille, cloſe de muraille.

</td><td>

Par eux & par leurs Commiſſaires,
En la Cité bien néceſſaires.
  Ils firent fermer de muraille,
Outre-Muzelle & Outre-Saille,
Depuis la porte Lavandiere,
Juſqu'à Saille l'autre riviere.

</td></tr>
<tr><td>

Metz fermée tout à l'entour de murailles.

</td><td>

  Ainſi fut fermée tout à l'entour,
De beaux murs & de belles tours,
Et de belles riches maiſons,
De grands peuples & ménages bons.

</td></tr>
</table>

Metz prit son commencement
Dix-huit cens vingt-cinq ans,
Qui se nommoit Dividivium,
Avant que Romulus fit Rome.

Aprés un an, aprés deux ans,
Aprés un cent, aprés deux cens,
Aprés maints périls & dangers
Sont plusieurs païs rechangez.

Aprés la mort de Serpanus,
Et des Troyens de Troye venus,
Nouveau païs, nouvelle terre,
Nouveau Seigneur, nouvelle guerre.

Romulus qui Rome fonda,
En son temps moult fort l'amenda,
Et aprés eut telle victoire,
Que ce fut du monde la gloire.

Romulus prit cent Docteurs
Anciens, & les fit Senateurs,
Pour le nom de la Cité bruire,
Et pour les Romains mieux conduire.

Rome vint en si grand croissance,
En telle richesse & puissance,
Que Julius Cesar par rigueur
Attribua à luy tout l'honneur.

Non pas seulement des Romains,
Mais tint tout le monde en ses mains,
Vainquit les Romains & Pompée,
Et conquêta tout à l'épée.

Tant prospera en grand vaillance,
En honneur & magnificence,
Et conquît si loin à la ronde,
Qu'il fut nommé Prince du monde.

Marginalia:
Metz 1825. ans avãt que Rome.
Rome. Romulus.
Romulus fit cent Docteurs Senateurs de Rome.
Iulius Cesar prit Rome.
Les Romains vaincus par Iule Cesar.
Iule Cesar Prince du monde par ses conquêtes.

Il subjugua tant de Provinces,
Qu'il fut quasi du monde le Prince,
Par sa grande force & puissance,
Mit tout sous son obeissance.

Quand Iule Cesar envoya Metinus son
grand Capitaine pour prendre Metz.

TEMPORE QUÆ CÆSAR SUA GALLIS
INTULLIT ARMA TUNC MEDIOMATRI-
CUM DEMUCIT METINUS URBEM.

Au temps que Jule Cesar étoit en
renommée

Iule Cesar En Gaule aprés la mort de Pompée,
envoyé
Metinus Metinus son grand Capitaine
en Gaule Contre la Cité prit grand peine.

Par écrit manda à Cesar,
Metinus La force, la police, & les arts,
manda à
Iule Cesar De la deffense & du regime,
la force Dont il en fit tres-grande estime.
de Metz

ARTES MIRORUM, SERO FIRMAT
TURBA VIRORUM TURBES MIRATES
SUNT NOBILES ASSOSSITATES.

Iule Cesar Néantmoins Julius jura,
jura Qu'à son pouvoir la détruira,
d'avoir Et que les Palais & les ruës,
Metz,& Il feroit labourer des charuës.
d'y faire
labourer A Metius manda par lettre,
les ruës Quelle puissance qu'on y dût mettre,
par des Que la Cité fût dépeuplée,
charuës. Et toutes les maisons rasées.

Temporis qua Cesar sua Gaulis introbit arma

S'ils

S'ils ne rendent humble obeïssance,
A mon haut pouvoir & puissance,
Je veux qu'on les mette aux allarmes
S'ils refusent le joug de nos armes.

Metius fit son devoir,
Ce Mandement fit assavoir
Aux Citoyens, montrant par lettre
Comment Cesar les vouloit mettre.

Voila ce que Cesar vous nonce,
Et m'en donnez bréve réponse;
Conseillez-vous diligemment,
Ou vous mourrez piteusement.

Prirent un peu de dilation,
Concluant son intention;
Et quand ils furent tous assemblez,
Ils se trouverent fort étonnez.

Réponse de ceux de Metz à Metius

Néanmoins en conclusion,
Tous d'accord sans division,
Répondit un homme pour tous,
Point de Roy ne voulons que nous.

Nous sommes sur nos heritages,
De par nos anciens parentages;
C'est nôtre, si on ne nous fait tort,
Nous les tiendrons jusqu'à la mort.

Jamais d'autres armes ne prendrons,
Que celles que nous élirons
Et vous disons pour tout confort
Que voulons la vie ou la mort.

La vie ou la mort.

Les vrayes marques de nôtre amour
Sont comme la nuit & le jour:
Ce sont deux points oppositoires,
Qui signifient blanc & noir.

Blanc & noir livrées de Metz.

C

Le blanc nous signifie Dieu,
Qui en Paradis tient son haut lieu,
Et Lucifer son manoir
Infernal signifie le noir.
Voila nos armes & nos blazons,
Mais vos lettres nous refusons :
Nôtre Pere fut de l'Arche
De Noé le grand Patriarche.

Metius sçut la réponse de ceux de Metz & la volonté de Jules Cesar

Quand Metius sçut la réponse,
De desespoir le nés luy fronce,
Et commanda par grand dépit
Que repos n'eussent ny jour ny nuit.
Aussi quand il eut écouté
De son Seigneur la volonté,
De l'obeïr fit son devoir,
Et d'assaillir fit son pouvoir.

Metius fit armer ses gens pour assaillir Metz.

Lors fit armer tous ses gens d'armes
De piques, lances, & de guisarnes,
Et assaillit tout à l'entour
Aussi chaud comme feu au four.
Si la Cité pouvons gagner,
Personne il ne faut épargner,
Peres, meres, filles & enfans,
Tout soit mis à feu & à sang.
Livrerent de si cruels assauts
Tout à l'entour de chaux en chaux,
Qu'ainsi que force passe droit,
Leur convint mourir en détroit.
Or fut donc la Cité détruite,
Prise, abatuë, & en cendre réduite,
Noyez, pendus, tuez, rôtis,
Pauvres, riches, grands & petits.

Ainſi furent pâtibulez,
Tuez, pendus, noyez, brûlez,
Ferme, enclos pris à la trape,
Mal de guerre nul n'en échape.

   Là fut grand déſolation;
Là fut grande perdition,
Et là moururent ſans pitié
Tous les peuples de la Cité.

   Fortune paſſe & ſi s'en va,
Qui put ſe ſauver ſe ſauva:
Aprés ces grands troubles & huttin,
Chacun mît la main au buttin.

   Aſſez trouverent pain & miche,
Car la Cité étoit tant riche:
De grands joyaux d'argent & d'or,
Tout étoit rempli de treſor.

    Sunt tibi theſauri,
    Pretum tibi militate auri,
    Sæculi numerorum,
    Complam ſecreta domorum.

   Là furent enrichis de tous biens,
Capitaines, Cavaliers, Fantaſſins,
Des grands treſors qu'ils trouverent,
Qu'avec eux à Rome emporterent.

   Quand le ſçut le grand Empereur,
La deſtruction & l'horreur,
Joyeux en fut en ſon courage,
Et y fit faire labourage.

   Pour bien accomplir ſon ſerment,
N'y fit ſemer bleds ny froment,
Mais des deniers de ſa figure,
De cuivre, qui a toûjours dure.

Marginal notes:

Metz fut en déſolation & perditiõ par Metius.

Metz pleine de vivre & de treſors, fut buttinée par les gens de Metius.

Gendarmes de Metius, tous enrichis à Metz.

Jules-Ceſar fit labourer les ruës de Metz par des charuës.

Par tout où l'on pouvoit labourer,
Deniers de cuivre y fit femer,
En perpetuelle memoire,
Qu'il l'avoit vaincuë par victoire.
Peu aprés Metius retourne
A Rome, & beaucoup y féjourne;
Souvent au cœur luy fouvenoit,
La grand perte qu'il avoit fait.
Pour la Cité qu'avoit détruite,
Difoit en fon ame fort trifte,
Jamais n'en feray pardonné,
Et pour ce crime feray damné.
Metius en foy tant y penfa,
Que d'un cœur contrit commença,
A fe repentir & fe mettre,
La Cité en fon point remettre.
Il s'en va trouver l'Empereur,
Qu'étoit fon fouverain Seigneur,
Difant fous ombre de pardon,
Sire, je vous demande un don.
L'Empereur qui le tenoit cher,
Luy répondit fans marchander :
Metius nôtre bon amy,
Vous n'êtes pas mis en oubly.
Demandez ce qu'il vous plaira,
Mon pouvoir vous l'accordera;
Loyaument nous avez fervi,
Faut vous recompenfer auffi.
Tres redouté Prince, à prefent
Je deviens vieux, foible & pefant,
Support je vous viens demander,
Pour en vieilleffe me repofer.

Sire, donnez-moy pour tout deſſert
Cette Ville miſe en deſért,
La Cité Mediomatrique,
Que j'ay pris en Gaule Belgique.

  L'Empereur tres-bien l'entendit,
Et humblement luy répondit :
Vous nous avez ſervi ſi bien ,
Qu'avec nous vous ne perdrez rien.

  Metius , bien nous vous entendons ;
Mais vous demandez pauvres dons,
Demander une ville en mazure ,
Pour aller faire vôtre demeure.

  Redouté Prince , il me ſuffit ;
Et me ferez tres-grand profit,
Vous remerciant à genoux ,
Et ſi je la tiendray de vous.

  Receindre la feray tout à l'entour,
De murailles & de fortes tours ;
Sauf vôtre haut vouloir de plaire,
Et y mettray nouveau populaire.

  Metius mon amy, je vous la donne,
Et mon treſor vous abandonne ;
Vous êtes de tous biens remply,
Vôtre deſir ſoit accomply.

  Vous remercie, Prince du monde ,
En vous toute puiſſance abonde ;
Puiſque vous m'avez donné Metz ,
Je la tiendray, je vous promets.

  Or prenez donc tant de mes gens
Qu'il vous plaira, d'or & d'argent,
Et faites vôtre honneur valoir ,
Je connois vôtre bon vouloir.

Lors manda gens de tous mêtiers,
Marchands, Maçons & Charpentiers,
Ouvriers d'œuvre édificatoire,
Pour rétablir Metz en sa gloire.
Au Prince congé demanda,
Metius, & ses gens manda ;
Print or, argent, & grand finance,
Et mit son Camp en ordonnance.

Metius qui étoit fils de Roy,
Print son exercite de charoy,
Et gens de plusieurs nations,
Et s'en vint en cette région.

Quand vint où la Cité étoit,
Le cœur souvent luy respiroit,
D'un si beau peuple & de leur mort,
Qu'il avoit fait mourir à tort.

Il fit crier par tous païs,
Où il y en avoit des enfuis
Par l'oppression de la guerre,
Qu'il les mandoit tous requerre.

Et leur donnoit pour avantages,
Lieux, maisons & heritages,
Pour recouvrer tout l'action
De leur vraye generation.

Tous ceux qui oüirent le cry
Du commandement par écrit,
Retournerent tous en leurs lieux,
En esperance d'y avoir mieux.

Entre lesquels cinq en trouva,
Que tres-nobles & sages approuva,
Et les choisit pour ses Conseils,
Et en Justice ses pareils.

De grands bien fit en la Cité,
En tous cas de neceſſité :
Le peuple aimoit de tout ſon cœur,
Auſſi luy portoit-on grand honneur.

Comment Metius donna ſon nom à la Cité.

JE Metius la détruite,
Et de ma puiſſance reſtruite :
Noble Cité, je te promets,
Pour mon nom ſeras nommée Metz,

Suffectus nomen dederat cui Metus urbem.

Toûjours enſuivant les paroles,
Non pas par livres, ny par rolles,
Mais depuis qu'a pris nom de Metz,
Elle n'en n'a changé jamais.

De la Pucelle emmurée en la Tour d'Anglemure.

Quand on fit la Tour d'Anglemure,
Les anciens diſoient en murmure,
Pour avoir la Cité durée,
Qu'une Pucelle y fût murée.

Dés lors fut Metz pucelle appellée,
Bien refaite & bien repeuplée,
Metius en fut premier Seigneur,
Et la ſoûmit à l'Empereur,

Metius donne le nom de Metz à la ville.

Pucelle emmu-rée en la Tour d'Angle-mure.

Metz la pucelle ſoûmiſe à l'Em-pereur.

Ordonnance de Metius auporavant ſa mort.

Metius fils de Roy na-tif des Romains édifia la ville de Metz.

METIUS, ſelon cœurs humains,
Fils de Roy natif des Romains,
Edifia Metz à ſa volonté,
Auparavant que trépaſſé.
    Il commît gens ſages & habiles,
Il l'aimoit comme pere ſa filles
Ceux de la generation
De la premiere fondation,
    Extraits des Enfans de Noé,
Les ordonna Seigneurs Voüez :
Vos peres furent fondateurs,
Et vous ſerez réparateurs.
    Je vous conſtituë en juſtice,
En régime & bonne police,
Pour raiſon rendre à un chacun ;
Et mon droit je donne au commun.
    Vous êtes cinq nobles parages,
Vaillans, riches, prudens & ſages,
Pour regenter vous ay choiſis,
Et mon commun qui fera ſix.
    Pourvoyez-vous au demeurant,
Adieu vous dis, m'en vais mourat
Secourez au plus neceſſaire ;
Achevez ce que je ne puis faire.
    Quand de ma vie ſera la fin,

Teſta-ment de Metius.

Je donne mon ame au Seraphin,
Et mon corps à la pourriture :
Servez Dieu, & tenez droiture.

Aprés luy eurent autres Seigneurs,
Qui firent à la Cité grands honneurs,
Mais la clarté en est mal-aisée ;
Pour n'avoir point été lettrée.

Pour toûjours suivre mon propos,
La Cité avoit pour suppôts
Le grand Empereur Julius,
Qui l'avoit donnée à Metius.
La Cité donc fut bien refaite ;
Au monde n'y a chose parfaite :
Quand un homme a fait son pouvoir,
Un autre aprés fait son devoir.

Metz a toûjours eü l'Empereur pour support.

Comment le Pont des Morts & le Pont Thieffroy furent faits, & par qui.

ON passoit dessus les Rivieres,
Sur ponts de bois & non de pierres
Mal retenus pour leurs coûtanges,
On marchoit souvent par les fanges.
Le peuple en étoit tourmenté,
En temps d'hyver & temps d'été.
Tant les eaux faisoient de ravages
A leurs biens & leurs heritages.
Mais Dieu permit deux nobles hômes,
De grand renom, puissans en sommes,
L'un se nommoit Thiffridus,
Et l'autre avoit nom Moridus.
Un Pont fit faire Thiffridus,
De pierres à la Porte d'Albus,
Esperant que grand bien feroit,
Et fut nommé le Pont Thieffroy.

Thiffridus & Moridus.

Le Pont Thieffroy.

Moridus en pareille sorte,
En fit faire un à l'autre porte ;
En pitié & en bon remord,
Qu'il fit nommer le Pont des Morts.

Ce Pont fut fait tant richement,
Servant bien profitablement :
Mais par faute d'entretenir,
Faut toute chose à fin venir.

A toûjours prendre & rien n'y mettre,
Si gros n'est qui ne doit décroître ;
Tant furent usez & dérompus,
Que pardessus on ne marchoit plus.

Aprés longue conclusion,
Y fut mis une provision,
Tres-bien fondée certainement
Pour l'œuvre & l'entretenement.

De ces deux Ponts & d'autres encor,
Tant dedans Metz comme dehors,
Selon l'ordre & le contenu,
Maintenant sont bien entretenus.

D'Octavien Empereur Romain, & de
l'Amphiteatre qu'il fit faire.

J Ours aprés comme il advint,
Aprés Julius Octavien vint,
Et fut reçû en grand honneur,
Comme appartient à Empereur.

Octavien en cettuy Païs,
Vint, & n'y fut point haï ;
Il étoit Empereur des Romains,
Par ce moyen le Souverain.

Plusieurs jours à Metz séjourna,
Et bon régime y ordonna,
Dans le temps de sa station,
Y fit faire grand réparation.

Octavien aima la Cité,
Et y fit grande solemnité ;
Et pour chose de remarque
Y fit faire un Emphiteatre.

En un lieu nommé aux Areines,
Y tenant sa Cour Souveraine ;
Sur l'Emphiteatre à dévis,
Et à modes d'Empereurs servis.

Quand le lieu fut à son gré mis,
Un mois fêtoya ses amis,
Huit jours Bourgeois & Marchands,
Et huit jours les communes gens.

Haut étoit assis en atour,
Et au dessus tout à l'entour,
Chacun à son mieux s'atouroit,
Faisans danses, jouxtes & tournois.

L'Emphiteatre en sa droiture,
N'avoit ferrement ny serrure,
Ny couverture que de drap d'or,
Le tout n'étoit qu'un riche tresor.

A Châlons, Reims, Luxembourg,
Toul, Verdun, Fresne & Strabourg,
Manda Octavien par Exprés,
D'apporter leur tribut à Metz.

Il ordonna une maison,
Pour chacun an rendre raison
Des tributs aux Imperialles,
Qui fut appellée Romesalle.

Les Ta-
bles de
Marbre.

Quand cette Maison eut ordonnée,
Et ses autres Ordonnances données,
Une riche Table de Marbre taillée,
Y fit faire pour l'Assemblée.

L'Autel
S. Pierre
fait de
la Table
de Mar-
bre.

En passant grande succession,
Aprés la digne Passion,
Il fit reprendre cette pierre,
Et en fit faire l'Autel Saint Pierre.

Aprés ce bel Emphiteatre,
Où tout le peuple alloit s'ébattre,
Demeura vague & ruineux,
Puant, infecte & venineux.

Là se faisoient choses notoires,
Tres-infames & diffamatoires :
Tous gens insensez & méchans,
Usoient là de tout librement.

Volerie, puterie, bordelages,
Concubinages, maquerelages,
Sodomie & pollution.
Et toute dissolution.

Le Ser-
pent ve-
nineux.

Tres-long-temps dura ce commerce,
Mais Dieu qui sa justice exerce,
Et punit qui ne se repent ;
Dans ce lieu vint un grand Serpent.

Ce Serpent ôta de là le peché,
Et fut le peuple bien châtié :
Car il en chassa la luxure,
Et y mit venin & ordure.

De sang faisoit effusion,
Et de gens grande confusion :
Quand il dégorgeoit son haleine,
De son venin l'air étoit pleine.

Les gens mouroient journellement,
Et toujours continuellement :
On ne fçavoit où fe cacher,
Et on n'ofoit s'en approcher.

Avec luy avoit tant de vermines,
Tant de couleuvres ferpantines,
Crapaux, fcorpions & lézards,
Détruire on n'eût fçû fans hazards.

En celuy temps y avoit gens
Tres-vertueux & diligens :
Mais du venin dont ils ufoient,
Nul approcher ne les ofoient.

Celuy mal longuement dura,
Dont le peuple moult endura,
En tourment & en affliction,
Jufques aprés la Paffion.

On trouve par fages Clergez
Que les Terres font rechangées,
Royaumes, Duchez & Contrées,
Par ceux qui les ont conquêtées.

Octavien de Rome Empereur,
Tenoit par fa loy grand erreur ;
Et au temps de fa Seigneurie
Fut née la Vierge Marie.

Aprés vint l'Annonciation,
De la fainte Incarnation
De Jefus-Chrift Fils de Dieu-Homme,
Qui eft venu pour fauver l'homme.

Il fut né en Bethléem,
En un lieu prés Jerufalem,
Quand Herode occit, le méchant,
Sept vingt quatre mille Innocens.

En diligence bien subite,
Fut porté JESUS en Egypte;
Et quand Herodes eut rendu l'ame
Retourna en Jerusalem.

S'arrêterent Marie & Joseph,
En la Cité de Nazareth,
En leur maison & propre lieu,
Nourrissant le vray Fils de Dieu.

Trente-deux ans Jesus regna sur terre
Comme Enfant avec pere & mere,
L'an ensuivant il souffrit passion,
Pour faire l'humaine Redemption.

Au jour même de la Passion
Estoient en jubilation
En Romesalle le Receveur,
Pour les tributs de l'Empereur.

Depuis le jour du grand Déluge,
Au monde, on n'eut qu'un refuge:
On ne trouve jour si terrible
En toutes les histoires de Ville.

Car au jour de la Passion
L'Idole Il y eut telle émotion
de Jupi- Par tout le monde universelle;
ter tom- Que jamais ne fut la pareille.
bée au Tant trembla par bonnes raisons,
jour de Qu'à Metz tomberent plusieurs maisons
la Pas- Et l'Idole de Jupiter,
sion. En celuy jour tomba par terre.

Château Et un Château sur la Riviere,
Zeléque Prés de la Porte Lavandiere,
entiere- De Zelecque étoit le tréfonds,
ment
fendu. Fut fendu du haut jusqu'au fonds.

Il étoit de si fortes murailles,
Que jamais n'en fut de semblables,
Des ouvriers de Babylone,
Fut fait & des propres personnes.

Lors ces Seigneurs tant périlleux,
Tant horribles & tant merveilleux,
Récrivirent à leur Seigneur
Tyberius lors Empereur.

Quand à Rome on sçut la nouvelle
De la mort de JESUS tant cruelle,
Et qu'il leur fut certifié
JESUS-CHRIST être crucifié.

Aprés S. Pierre le bon prud'homme,
Vint annoncer la Foy aux hommes,
Et prêcha tant par la Cité,
Que chacun en fut tout charmé.

JESUS apprit à ses Apôtres
La belle & sainte Patenôtre,
Leur disans que bonne loy tienne,
Pour accroître la Foy Chrétienne.

Dés lors ils prêcherent sans feintise,
De JESUS-CHRIST la vraye Eglise;
Mais quel grand que fût leur Disciple
Saint Pierre fut leur pere principe.

S. Pierre préche à Rome

La vie de saint Clement converti par
saint Pierre Apôtre.

SAint Pierre Pere Apostolique,
En préchant la Foy Catholique,
Convertit un noble Seigneur,
Qui étoit fils d'un Sénateur.

Cet homme en liberté fans haine,
Demanda créance & baptême,
Et quand il fut bien baptifé,
Au monde fi-tôt a renoncé.

Saint Pierre fi le baptifa,
Et bon prêcheur le difpofa,
Afin d'annoncer l'Évangile
Au pauvre pecheur imbécile.

Sain
Clement
converty

Sans plus de prolongation,
Il pria d'avoir légation,
Vêtu en habit fimplement,
Il avoit pour fon nom CLEMENT.

Saint Pierre le prit à grand plaifir,
Et pour accomplir fon defir,
De bons prud'hommes l'affocia,
Et la Foy luy fpécifia.

S. Cle-
ment en-
voyé en
Gaule
Belgique

Pour annoncer donc l'ordonna :
Et puis luy dit ; Tu t'en vas
En Gaule Belgique lointain païs,
Et de rien ne fut ébahy.

Onze
Prelats
vinrent
en Gaule
avec S.
Clement.

Ils partirent onze Prelats,
Enfemble avec joye & foulas,
Tous baptifez, regenerez
En la Foy, & bien éclairez.

Tous en voyes avec luy fe font mis,
Et ont laiffé leurs parens & amis,
Qui les tenoient trétous dans le mépris
Pource qu'ils étoient à la Foy convertis.

Quand ce vint au Mont de Mogiez,
Tous l'un de l'autre prirent congez,
Pour aller fans dilation,
Chacun en fa légation.

Tant

Tant ont leur fait sollicité,
Que chacun trouva la Cité,
Où ils étoient tous envoyez,
Pleines de gens bien dévoyez.

Quand eurent fait département,
Chacun d'eux alloit cheminant,
Comme pelerins par mont & pleine,
Vinrent en Gaule prêcher leur doctrine.

Clement, Felix, avec Celeste,
En peine, en travail moleste,
Ne s'arrêterent en lieu jamais,
Qu'ils ne furent bien prés de Metz.

Tant ont marché & cheminés,
Que du chemin tout fatigués,
Pour prendre repas firent pose
Au fond des grands forêts de Gorze.

Là y trouverent une fontaine,
Qui de Metz n'étoit pas lointaine,
Ils y prirent leur refection ;
Et firent leur dévotion.

Comme le Cerf que l'on chassoit vint
se rendre auprés d'eux en la forêt.

ALors même qu'ils se repaissoient,
Les Veneurs du Prince chassoient
Un grand Cerf parmy la forêt,
Qui auprés d'eux fit son arrêt.

Clement fit signe avec son doig,
Le Cerf s'arrêta entr'eux trois ;
Les chiens furieux & malaisez,
Devinrent doux & rapaisez.

Clement,
Felix,
Celeste.

Le Cerf.

D

Les Veneurs voyans ce miracle,
Furent surpris de ce spectacle,
Ne songerent plus lors à chasser,
Mais plûtôt à s'en retourner.

Ainsi ils furent sans s'arrêter,
A leur Maître le fait conter,
Qui de cecy bien étonné,
Pour y aller s'est apprêté.

N'attendit ny trois jours ny quatre,
Dés le lendemain pour s'ébattre,
Le Prince avec toute sa classe,
Partit & s'en vint à la chasse.

Tout ainsi que le jour devant,
Estoit doux & calme le temps ;
Braconniers & chiens en leur liasse,
Retrouverent le Cerf en sa place.

Le Cerf requerant son support
Fuyoit apprehendant la mort,
En faisant ses sauts souplement,
S'en vint se rendre à Saint Clement.

Saint Clement ce loyal prud'homme
Qui annonçoit la grace aux hommes,
Luy fit comme au jour précedent,
Et n'y eut chien qu'ouvrît ses dents.

En faisant le signe de la Croix,
Trétous surpris se tinrent cois :
Le Prince voyant la vertu,
Luy va demander *qui es tu ?*

Il luy répond benignement,
Venons icy pour vôtre sauvement,
Sommes Serviteurs en Jesus-Christ
Du Pere, Fils, & Saint-Esprit,

Nous sommes en ce païs venus
De par Dieu pour vôtre salut,
Pour vous administrer Baptême,
Et à tous vos peuples de même.
   Le Prince â ces mots retourna,
En ce lieu plus ne séjourna,
Luy & la Princesse sa femme,
Et tous autres Seigneurs & Dames.
   Saint Clement vint en la Cité
Pour cas de grand necessité :
Car ils étoient tous entachez
De sales & énormes pechez.
   Quand ses premiers Sermons prêcha,
Chacun prés de luy s'approcha,
Et de ferme cœur l'écoutoient,
Car oncques Sermons oüis n'avoient.
   Puis se disoient les uns aux autres,
En son parler n'y a nulles fautes,
Tous ses mots sont d'autorité,
Et ne dit rien que verité.
   Ceux qui ses Sermons écoutoient,
A leurs voisins les racontoient,
Disans : Beau Dieu de Paradis,
Où pren-t'il tout ce qu'il a dit?
   Tant prirent de dévotion
D'oüir sa Prédication,
Que celuy étoit méprisé,
Qui en bref n'étoit baptisé.
   Tant de la Foy les avertit,
Que la pluspart se convertit,
Et baptisoit journellement
Grand nombre solemnellement.

Le Prince enore en son erreur,
Et la Princesse en son honneur,
En leur grand Etat triomphant
N'avoient lors qu'un seul enfant.
Cet enfant étoit une Fille,
Mais la mort cruélle & subtile
De mortel dard si la frapa,
Et la mit de vie à trépas.
Le Prince tout desesperé,
Impatient & mal temperé,
Et la Dame pareillement,
Menoient douleurs horriblement.
Leurs gens pour les réconforter,
Leurs disoient pour les consoler:
Ayez en Dieu grand confiance,
Et prenez un peu patience.
En la Cité y a un Prophete,
Qui a tant de belles œuvres faites,
Duquel oncques ne vit le pareil;
Prenez un peu de son conseil.
Le Prince triste & désolé,
A ces mots fut tout consolé,
Desirant le Prophete oüir,
Esperant en soy réjoüir.
Incontinent il le manda,
A luy fort se recommanda
D'une recommadation sainte,
Non pas d'amour mais de contrainte.
Douleur que son cœur contraignoit
D'humilier comme il faisoit,
Pource qu'il falloit obeïr
A ce que plus vouloit haïr.

Mais Dieu nôtre bon Sauveur,
Plein d'amour pour le pecheur,
Ne defirant que fon falut,
Avoit tout ce fait cy prévû.

Lors le faint & fage Difciple,
A tous fes freres ce fait récite,
Remerciant & loüant Dieu,
Se vinrent prefenter au lieu.

Où trouverent le corps giffant,
Les Seigneurs & Dames gemiffans,
En triftefle & grandes douleurs,
Pleuroient avec leurs Serviteurs.

Le Prophete furnommé Flavius,
S'avança vers le Prince Orius,
Pour fçavoir & pour demander
Quelle chofe luy plaifoit commander.

Clement la compagnie falua,
Le Prince de fon fiege fe leva,
D'un cœur troublé, tres-réfolu,
Humblement luy rend fon falut.

Difant, fage & noble prud'homme,
Vous n'êtes pas venu de Rome
En faifant fi grand pénitence,
Que vous n'ayez quelque fcience.

Homme de bien, confeillez-moy,
Moy qui fuis en tres-grand émoy,
Rendez-moy mon cher reconfort,
Car vous le voyez icy mort.

Si vous avez quelque puiffance,
Donnez-nous-en la connoiffance;
Veüillez pour nous obtemperer,
Nous vous voulons bien contenter.

Le Saint Homme luy répondit:
Prince, tu sçais mieux que tu ne dit;
L'homme n'est de puissance divine,
Mais de tout peché l'origine.

En nôtre Foy il est écrit,
Pere, Fils, & Saint-Esprit,
Ne sont qu'un Dieu en trois personnes
Egalement puissantes & bonnes.

Si vous voulez avoir victoire,
En Jesus-Christ il vous faut croire,
Fils de Dieu comme je vous ay cité,
Qu'a été mort & est resuscité.

Il vous faut faire baptiser,
Vôtre femme, & vous le premier,
Et tous les gens de vôtre Ville,
Vous aurez joye de vôtre Fille.

Ces trois Saints voyans les molestes,
Sçavoir Clement, Felix, Celeste,
Tous trois en grand dévotion,
Firent à Dieu leur Oraison.

Comme à la Priere de S. Clement la
Fille du Prince Orius resuscita.

Nostre bon Sauveur Jesus-Christ
Renvoya au Corps l'esprit;
De son amour la visita,
Et de mort la resuscita.

Lors Saint Clement leur dit à tous,
Bonnes simples gens retournez-vous;
Car vous êtes mal fortunez
En cette Loy que vous tenez,

Jamais vôtre Idole n'eut puissance
De vous montrer telle connoissance :
Mais par Jesus-Christ resuscité,
Je vous dis icy la verité.

Si vous avez quelques gens morts,
Apportez-nous icy les corps,
Et vous verrez incontinent,
Que nôtre Dieu est tout-puissant.

Des gens morts y avoit sur terre,
Qui furent aussi-tôt mandez querre,
Dedans ce lieu furent apportez,
Et furent tous resuscitez.

La Fille revenuë en vie,
D'être Chrétienne eut grande envie ;
Dieu, qui m'avez rendu l'esprit,
Donnez-moy le Baptême aussi.

Pere & mere, & mes amis,
Pour Dieu soyez en la Foy mis,
Et tantôt soyez baptisez,
Car en nôtre Loy sommes abusez.

Or connois-je bien qu'il appartient,
Que nous soyons tous bons Chrétiens ;
Tantôt furent tous baptisez,
Et de leur grand duëil rapaisez.

Orius dît à Saint Clement,
Au nom du grand Dieu Tout-puissant,
Ordonne tout ce qu'il te plaira,
Tout mon pouvoir l'accomplira.

Mais sur nous regne une tempête,
D'un venin plus mortel que peste,
D'un Dragon venimeux Serpent,
Plus long que quarante arpens.

Veüille nous de ce nettoyer,
Et tous nos pechez pardonner,
Et nous croirons dévotement
En Dieu & ses Commandemens.

  Saint Clement & ses Serviteurs,
Gens éclairez & bons Docteurs,
Se mirent en grand dévotion,
Et Dieu y mit provision.

  N'avoient en leur loy curialle
Vû Procession generalle,
Ils 'en firent une au nom de Dieu,
Et se firent mener au lieu.

  D'armes & de bâtons s'armerent,
Et en la fosse le menerent,
Luy montrant de loin la carriere,
Mais bien-tôt s'en tirerent arriere.

Comme Saint Clement fut prendre le
Serpent, & le fit mourir.

LOrs sans faire bruit de parole,
L'homme de Dieu prit son Etolle,
Et la mit au col de la bête,
Qui jamais n'en remua la tête.
  Et chemina tout simplement
Comme un chien aprés S. Clement :
Lézards, couleuvres, & bêtes telles,
Les mena condamner en Seille.
  Quand il eut détruit ce vermine,
Incontinent se détermine
De faire construire à l'heure même,
Pour baptiser Fonds de Baptême,

                                    Et

Voyant aprés luy si grand suite,
En memoire de Saint Jean-Baptiste,
Fit faire un Fonds en même-temps,
Pour y baptiser tous les gens.

En un plaisant lieu à sa guise,
Fit bâtir les Fonds & l'Eglise,
Et auprés pour sa résidence,
Une Oratoire de penitence.

Depuis on fit faire un Moutier,
Beau & parfait dans son entier,
Par dévotion & mystere,
Y fut fondé un Monastere.

Ce lieu Saint qu'on édifia,
Fut nommé lors *Basilica*,
Et fut trouvé digne & propice,
Pour faire le Saint Sacrifice.

Prince & Princesse avec leur Fille,
Seigneurs & Dames & leur famille,
S'apprêterent diligemment,
Pour recevoir baptisement.

S. Clement fit là plusieurs Prêtres,
Clercs & dévots desirans l'être,
Ausquels il apprît le Service,
De nôtre Mere Sainte Eglise.

Et puis aprés conséquemment,
Fit commencer tres-promptement,
La Mere Eglise Cathedralle,
Qui fut son Siege Episcopal.

Ce n'étoit lors qu'une Chapelle,
Mais richement fondée & belle,
En l'honneur de S. Pierre l'Apôtre,
Qu'on dit maintenant Fort de Cloître.

E

Aprés fit faire emmy les champs,
En un lieu infecte & puant,
Le premier siege de pardon,
Et d'absolution le don.

On disoit Saint Pierre aux Irénes,
Au dehors la Porte aux Arcines ;
A present Bourgeois & Marchands
Nomme ce lieu S. Pierre aux Champs.

Le premier siége à pénitence,
La premiere foy & créance,
Le premier des Sacrement,
Et du Serpent le damnement.

Quand Saint Clement fut averti,
Que son peuple étoit converti,
Il écrit à saint Pierre à Rome,
Qu'à Metz avoit trouvé prudhommes.

Il luy récrit premierement,
Comme il fut reçû benignement
En charitable affection,
Des gens de bonne intention.

Que tous convertis ils étoient,
A leurs Idoles renonçoient,
Et que dans leur conversion
Ils avoient grande dévotion.

Il luy écrivit plusieurs choses,
Du Cerf de la forêt de Gorze,
Du Serpent qu'il conduit en Seille,
Et de la mort de la Pucelle.

Moult en fut Saint Pierre joyeux,
En loüant le Dieu gracieux
De la Foy qu'il voyoit accroître,
Le mande à tous ses autres Prêtres.

DE METZ. 51

Aux Apôtres tous congregez
Fut Commandemens alleguez ,
A S. Jean neveu de Jesus-Christ,
Fut declaré premier l'Ecrit.
   C'étoit un Ecrit de pardon ,
Et des pechez rémission ,
Octroyant pour la Foy Chrétienne
Une Indulgence entiere & pleine.
   Visitant deux fois par semaine
L'Eglise Saint Pierre aux Arcines ,
Le Mercredy & Vendredy ,
On y gagnoit ce Pardon cy.
   Chaque Apôtre fit son devoir ,
Faisant de Saint Pierre le vouloir ,
Et de joye chacun Dieu prioit ,
Voyant que la Foy s'augmentoit.
   Lors Saint Pierre les confirma ,
Et toute puissance leur donna ,
Autant qu'à Rome il en avoit ,
Et que jamais y en auroit.
   Saint Clement prit sollicitude ,
De leur école & bonne étude ,
Leurs Ordonnances Apostoliques
Augmentoient la Foy Catholique.
   Détruisans les illusions ,
Erreurs & fausses Religions ,
Tous les abus & folâtrie ,
Chacun quittoit l'idolâtrie.
   S. Clement fit plusieurs Eglises,
Car on faisoit tout à sa guise :
Le siége tint vingt-cinq ans
Et trois mois, & puis fut vacant.

E ij

Celeste. Aprés saint Clement, Saint Celeste,
Homme tres-pieux & modeste,
Prit cette Charge Episcopale,
Par l'ordre du Siege Papale.

Aprés Celeste fut Felix,
Felix. Qui étoit homme de grand prix,
Lequel s'acquitta dignement,
Mais il ne vêcut pas long-temps.

Aprés luy vint Saint Patient,
Patient. Tres-éclairé & tres-sçavant,
Instruit par Jean l'Evangeliste,
Duquel il étoit le Disciple.

Patient, De Saint Patient je dis encor,
dit Pre- Que son vray nom étoit Precor,
cor. Natif de Grece, où loin y a,
Mais à Metz S. Jean l'envoya.

Dieu choisit ce S. Homme en Grece
Pour être le Pasteur de Metz,
Puis à saint Jean il revela,
Qu'il vouloit qu'il en fût Prélat.

Aussi-tôt saint Jean luy a dit,
Patient, mon tres-cher amy,
Metz vous est recommandée,
Comme Marie me fut donnée.

Lors saint Jean débile & ancien,
Donna sa dent à saint Patient,
La dent En témoin, sans négation,
de saint D'exercer sa vocation.
Jean.

Quand saint Patient fut à Metz,
Une Eglise fit faire aprés,
Au nom de saint Jean son bon Maître,
Et puis sa dent il y fit mettre.

DE METZ.

Mais cette Eglise fut détruite
Par la guerre qui vint ensuite,
Par Attila le Fleau de Dieu,
Qui mit tout à sang & à feu.
  Aprés on l'a rédifiée,
Et d'un autre nom fut nommée,
Pour servir Dieu à deux genoux,
Au nom du benoît Saint Arnould.

Quand S. Aultre fut Evêque de Metz,
242. ans aprés la Passion.

L'Ong-temps aprés la Passion,
  Comme l'écriture fait mention,
A Metz en paix chacun vivoit,
Et S. Aultre Evêque en étoit.
  En ce temps-là le Roy des Hongres
Et des Huans assiégea Tongres :
Servais qui en étoit Pasteur,
En eut grand tristesse en son cœur.
  Saint Servais à Rome s'en alla,
Comme un loyal & saint Prélat ;
En chemin luy vint vision,
Des Païs la confusion.
  Premiere la Cité qui s'appelle,
Auprés du Rhin Aix-la-Chapelle,
Confuse sera par ennemis,
Qui ruineront tout le Païs.
  Tongres aussi grand mal souffrira,
Que pierre sur pierre n'y restera,
Et aura telle adversité,
Qu'elle perdra le nom de Cité.

Et Metz y fera fi troublée,
Qu'elle fera prife & brûlée :
Tout perira, chofe certaine,
Hors l'Oratoire de Saint Eftienne.

Saint Servais vit en vifion,
Saint Eftienne en dévotion,
Devant la haute Majefté,
Demandant grace pour la Cité.

Dieu tout-puiffant luy répondit :
Eftienne, entend ce qui eft dit ;
Punis feront de leurs pechez,
Car ils m'ont par trop offenfez.

S. Eftienne obtint telle victoire,
Que refervé fut fon Oratoire ;
Et fut l'éxil fi miferable,
Qu'on n'en vit jamais de femblable

Quand S. Servais fut retourné
Au païs, fut bien étonné,
Auffi-tôt fut dire à Saint Aultre,
Nous ferons punis de nos fautes.

S. Aultre commence à prêcher,
Et les grands pechez reprocher,
Mais conte n'en voulurent tenir
Tant que les coups virent venir.

Saint Servais & S. Aultre enfemble,
Trembloient comme la feüille tremble
Attendant de Dieu la Sentence,
Prêchoient de faire pénitence.

Les gens nul conte n'en tenoient,
Et dans leurs maux fe maintenoient :
Mais il advint qu'en peu de jours
Tomberent les murailles & leurs tours.

La guerre des Vandales qui détruisirent
Metz sous le Regne d'Attila I V.
surnommé le Fleau de Dieu.

APrés la chûte des murailles,
Attila Prince des Vandales,
Et surnommé le Fleau de Dieu,
Vint avec armée en ce lieu.

Si-tôt la ville il entoura,
Et terriblement l'assiégea,
Que par le feu & par la lance,
Il y mit tout en décadence.

Jamais aucun n'en put sortir,
Et tous la mort falut subir,
Hors ceux qu'étoient dans l'Oratoire,
Qui furent pris : Voicy l'histoire.

Avec eux ils les emmenerent,
Et rudement les maltraiterent,
Que Dieu les punit & troubla,
Et de clarté les aveugla.

Trois de ces gens qu'ils emmenoient
Estoient plus précieux que monoyes,
Estans tous Seigneurs & gens nobles,
Et dignes de misericordes.

Pource qu'étoient plus chers que l'or,
Ils les gardoient comme un tresor ;
Mais tous les biens furent pillez,
Sans aucuns être reservez.

Ces félons cruels, enragez,
De joye en tristesse changez,
Ne sçavoient plus que devenir,
Ny quelle contenance tenir.

Jusques prés Lissa en Bourgogne,
Ainsi que l'histoire le donne,
Furent menez liez bras à bras,
Ainsi que des simples Soldats.

Alors ils dirent à nos Chrétiens :
Dites-nous d'où ce mal nous vient ;
Est-ce la puissance de vos Dieux
Qui nous a éblouit les yeux.

Le dévot prud'homme S. Aultre,
Leur dit, c'est vos crimes & vos fautes,
Qu'avez griévement commis ;
Pour lesquels Dieu vous a punis.

Si nous ne sommes réluminez,
Tout maintenant icy mourez ;
C'est un Arrest assurément,
Qui sera suivi promptement.

Si nous pouvez illuminer,
Nous vous laisserons en aller ;
Retournerez chacun chez vous,
Sans faire tort à aucun de tous.

Pauvre aveuglez, répond S. Aultre,
Nôtre Dieu est aussi le vôtre,
Le Pere, Fils, & Saint-Esprit,
Ainsi que la Foy nous le dit.

Saint Aultre fit son Oraison,
Et Dieu leur donna guérison ;
Du miracle furent avertis,
Mais pour cela point convertis.

Néantmoins congé leur donnerent,
Et plus doucement les traiterent,
En les assurant jour & nuit,
Qu'ils leur donneroient bon conduit.

Alors revinrent en la Cité,
Réduite en grande pauvreté,
En demenant tristesse & pleurs,
Et tres-pitoyables douleurs.

Là trouverent les corps gissans,
Tuez, meurtris & languissans,
Par les ruës & les carrefours,
Sans recevoir aucuns secours.

On n'entendoit que doleances,
Ennuis, tristesses & déplaisances,
Cris, pleurs, & désolations,
Mal, deüil, & tribulations.

Déja deux fois en dure angoisse,
S'est trouvée la ville de Metz ;
Deux fois détruite jusqu'aux murailles,
Par Julius & par les Vandales.

Deux fois elle a été ruinée,
Pillée, brûlée, & saccagée ;
Mais enfin malgré tout mal-heur,
Elle est aujourd'huy en splendeur.

Le Dieu qui est ressuscité,
Et par ses peuples adoré,
Luy donnera toûjours victoire,
Et la maintiendra en sa gloire.

Dieu a permis qu'elle fût Cité,
Bâtie par les fils de Noé :
Que jamais mal-heur ne luy vienne,
Mais que de tout bon-heur soit pleine.

En sont été perduës les Lettres,
Que Clercs en écrit ont sçû mettre,
D'aucune Cronique & Histoire,
Dont en est perduë la memoire.

Pourtant d'en parler sûrement ,
On-ne peut , mais obscurément :
Verité qu'on ne peut trouver ,
Est fort mal-aisée à prouver.

Peu aprés fut rédifiée ,
Tant bien que mal fortifiée ;
Et leur convint ce mal porter ,
Fort longtems comme on peut penser.

Leurs ennemis sans laisser rien ,
Prirent & pillerent tout leur bien ,
Et leurs en laisserent si peu ,
Qu'il falut le sauver du feu.

Longtems furent en necessité ,
En grand misere & pauvreté ,
Et en remords de conscience ,
Portant leur mal en patience.

Il faloit chacun labourer ,
Par force , ou de faim langourer :
Car rien n'étoit appareillé ,
Tant le païs étoit ruiné.

Il n'avoient rien dans leurs greniers ,
Non plus que dedans leurs celliers ,
Pot au feu , ny écuelles lavées ,
Mal couchez , pauvres matinées.

Les Huns, les Vandales & les Hongres
A Metz firent telles encombres :
Les Barbarins & Allobroges ,
De grands maisons firent petites loges.

Auparavant toutes ces guerres ;
Et ces gens cruels sur nos terres ,
Chacun à sa mode vivoit ,
Et de tous biens on abondoit.

Dessous le grand Roy Attila,
Qui par force tant battailla,
Qu'il mît à feu & à l'épée,
Les Citez cy-aprés nommées.
Il mît tout à destruction,
A ruine & à confusion,
Hainaut, Brabant, Mons & Nivelle,
Tongre, Tréve, & Aix-la-Chapelle.
Toute Cité jeune & ancienne,
Tournay, Arras, & Valencienne,
Tireblanc, Minégre & Bologne,
Utrecq, Limbourg & Cologne.
Strasbourg, Saverne & Mayence,
Liége, Luxembourg & Couvelance,
Toul, Verdun, Troyes & Châlons,
Reims, Langres, Beaune & Besançon.
Citez, Châteaux, & bonnes Villes,
Attila les mît tous en ruines,
Mâcon & Châlon sur la Saône,
Tout jusqu'à Lyon sur le Rhône.
Ainsi furent persecutez,
Païs, Châteaux, Villes & Citez,
Pour les grands pechez qui regnoient
Dont les peuples remplis étoient.
Par ces grands tyrans mal instruits,
Furent maintes païs détruits,
Esquels y eut grande douleur,
Avant qu'ils refussent en valeur.
A gens de grosses consciences,
Faut souffrir dures pénitences,
Ils furent ainsi de Dieu punis,
Pour les crimes qu'avoient commis.

Comment le Duc Auſtraſius donna ſon nom à la Province & au Royaume d'Auſtraſie 460. ans aprés la Paſſion.

460.

EN l'an de grace quatre cens,
Et ſoixante, trouvons liſans,
Qu'Auſtraſius tres-puiſſant Prince,
Regnoit en Gaule grande Province.

Auſtra-ſius Prince de Metz

Il étoit Souverain de Metz,
Le plus grand Duc qui fut jamais,
Tenoit ſous ſon obeiſſance,
Les Païs frontiers de la France.

Metz Siege & Ville princi-pale du Royau-me de l'Auſ-traſie.

A Metz mit ſon Siege Royal,
Et à Aix-la-Chapelle égal,
Tenant ſon Etat & ſa Cour
Dans un bel éclat & beau jour.
Il tenoit la haute Bourgogne,
Depuis les Monts juſqu'à la Sône,
Et juſques à la Mer de Friſe,
Poſſedoit tout ſous ſa Maîtriſe.

Tenoit ſous ſa puiſſante main,
Les rives de l'Eſcaut & du Rhin,
Tous leurs païs & territoire.
Par ſa puiſſance & ſa victoire.

Il poſſedoit Utreq & Tréves,
Mayence, Cologne & Cleves,
Gueldres, Brabant & la Hollande,
Païs d'Hainaut & la Zelande.

En Seigneurie & privilége,
Tenoit tout le païs de Liége,
Alsace, païs de Luxembourg,
Et même la Duché de Limbourg.

Il possedoit autour du Rhin,
La Terre du Comte Palatin,
Les païs de Héme & d'Ardenne,
Tout le Barrois & la Lorraine.

Metz étoit dans un lieu propice,
Pleine de tres-beaux édifices,
Et pour cela elle fut choisie,
Pour capitale de l'Austrasie.

Toutes les Provinces & Païs,
Qui étoient au Royaume unis,
Venoient à Metz chercher secours,
Car c'étoit l'unique recours.

Quand on n'a point d'adversité,
On se voit bien-tôt élevé,
Et de Dieu est la providence,
Qu'aprés cher temps vient l'abondance

Pour continuer nôtre matiere,
La Cité redevint entiere,
De gens vaillans, & richement
Pleine de biens, d'or & d'argent.

Comme la Haute-Pierre & la Pierre-
Hardie furent faites, & par qui.

EN ce temps y eut deux mignons,
Ensemble loyaux compagnons,
Et bien semblable de maniere,
Qui s'appelloient tous les deux Pierre.

Pour vous en faire un vray récit,
L'un avoit nom Pierre le Hardi;
Et l'autre suivant ma memoire,
Se nommoit enfin le Haut Pierre.

Ces deux Seigneurs pour bonne raison
Firent faire chacun une maison,
Pour d'eux avoir la renommée,
Chacune de leur nom fut nommée.

Haute-Pierre,
Pierre-
Hardie.

Celuy qui avoit nom le Haut Pierre,
Sa maison fut la Haute-Pierre;
L'autre selon leur industrie,
Fut nommée la Pierre-Hardie.

Ruelle
de Va-
zelle.

En la Ruelle qu'on dit Vazelle,
Estoit le Château de Jazelle,
Du Fondateur portoit le nom,
Fils de Noé le grand Patron.

Les ouvriers prés de Jazelle,
Faisoient frins, brides & selles:

Fran-
conruë.

Et pour le frin qui bien arguë,
Son premier nom fut Franconruë.

De la Place où l'on faisoit justice, &
de l'endroit où elle étoit.

UN lieu étoit en la Cité,
Au cas criminel député,
Pour couper têtes, oreilles & poings,
Quand par Justice étoit à points.
Nexiruë étoit le lieu propice
A faire criminelle office:
Car Nexés en construction,
Est occire, ou destruction.

*De la Woürie, communément appellée
les Prisons.*

PRés de là étoit la Maison,
Tres-grande à l'antique façon,
Des Voüez l'habitation,
Et dedans étoit la prison
De la Cité, où mal-faiteurs
Souvent y en avoit plusieurs,
Et quand jugez ils étoient,
Ez mains des Voüez les mettoient
Pour en faire l'exécution.
Et temps y a longue saison,
Qu'un Serviteur de l'Aumônier
Dans ce lieu fut mis prisonnier.
Détenu sans cause ou raison,
Nicolas étoit son vray nom,
Qui se voyant si tourmenté,
Criminel il s'est declaré.
Quoy qu'innocent du cas étoit,
Mais le tourment le contraignoit
A témoigner évidemment,
Dont son Maître eut le cœur dolent.
C'étoit Baudoche de Nemmery,
Fort triste & chagrin de cecy :
Tant fit qu'il parla à son homme,
Le conseillant comme un sage homme
Puis qu'ainsi tu és innocent,
Du crime que tu vas confessant,
Prie le glorieux saint Nicolas,
Tu recevras de luy soulas.

Miracle d'un Boureau qui devint impuissant en faisant son office.

Ainsi que mourir il devoit,
Le Boureau qui bien s'efforçoit,
Son office allant exerçant,
Des deux bras devint impuissant.
Plusieurs étoient en la presence,
Voyans ce miracle & puissance
De Dieu ; alors subitement,
Crierent, c'est qu'il est innocent.

Aprés sa mort fut enseveli,
Prés de son oncle Nemmery,
Sous le Jubé du grand Moutier,
Où l'Epitaphe on fit dresser.

Hauriat Roucel Aumônier fit faire la Chapelle.

Hauriat Roucel lors Aumônier,
Un peu aprés fit rédifier
La Chapelle qui est sur la ruë,
Pour être d'un chacun mieux vûe.
Car celle qui étoit du dedans,
Dont avons parlé cy-devant,
Trés-petite étoit, & ruinée,
Et assez mal appropriée.

L'édification de l'Eglise & de l'Abbayt de Saint Symphorien. 580.

APrés ce temps, comme esprit vole,
Un Evêque nommé Papolle,
Fit faire de pierres & de marien
L'Abbaye de Saint Symphorien.

580.

En l'année cinq cens quatre-vingt,
A Papolle une dévotion vint,
Et pria Dieu grace luy faire,
Pour faire Eglise & Monastere.

Elle.

DE METZ.

Elle étoit hors de la Cité,
Dans un beau lieu bien espacé ;
Mais par infortune de guerre,
Elle fut ruinée & mise par terre.

*Du Duc Hernis pere à Lorain & Beler
de Bellin, 700.*

EN l'an sept cens, à mon avis,
Regnoit à Metz le Duc Hernis,
Qui fut pere à Lorain Guérin
Et au Duc Beler de Bellin.
  A de honneur qu'à tout bien tire,
Il prit la Fille an Roy de Tyr,
Nommée la belle Beatrix,
Qui grands douleurs & peines souffrit.
  Elle fut prise dans un Verger,
Par des brigands & étrangers,
Et fut menée vendre à l'étache,
Côme on vend les bœufs & les vaches.
  Hernis genereux & vaillant,
Pour une somme d'or & d'argent,
La Dame avec un Espervier,
Acheta & un Lévrier.
  Grand pitié prit de cette Dame,
Menée icy par des infames,
Truans, gloutons, vilains, paillards,
Meurtriers, larrons & pillards.
  Par maniere douce & subtile,
Leur demanda, *d'où vient la Fille* ?
Ils répondirent comme hurrons,
Achetez-la, vous la vendrons.

700.

F

Je n'ay que faire de telle baſſelle,
Qui n'eſt ny vierge ny pucelle:
Mais ils luy répondirent tous,
Pucelle elle eſt encore de nous.

Car vous ſçavez qu'à tel mêtier,
Chacun veut être le premier,
Et par ce cas bien entendu,
Son corps nous avons deffendu.

Cet homme de grande nobleſſe,
Conſiderant la gentilleſſe
Du Vaſſal pour luy plein d'honneur,
Reçut cette fille en douceur.

Quand le noble Vaſſal Hernis,
Eut la fille en liberté mis,
Connut que fauſſe trahiſſon
L'avoit priſe en noble maiſon.

Eſper-
vier &   Puis acheta un Eſpervier,
Lévrier. Avec un tres-beau Lévrier,
En marchandiſe fort ſe plaiſoit,
Plaiſir pluſque profit aimoit.

Hernis   Son pere luy diſoit fort ſouvent,
Mar-   Mon fils, ne ſoyez point Marchand,
chand. Vous qui êtes de ſang Ducal,
Ce n'eſt pas un party égal.

Noble il n'étoit de par ſon pere,
Mais tres-noble de par ſa mere,
Qu'étoit fille du Duc des Lorrains,
Dont il en fut le Souverain.

Quand à Metz il fut retourné,
Son pere ſans plus ſéjourné,
Sans ſujet ny occaſion,
Le chaſſa hors de ſa maiſon,

Ne connoiſſant la Demoiſelle,
Il la croyoit une donzelle,
Ou veuve de quelques Marchands,
Ou bien iſſuë de pauvres gens.

Néantmoins malgré parentage,
Hernis la prît en mariage,
Et furent un aſſez longtemps,
Enſemble logez pauvrement.

Puis ils eurent deux beaux enfans,
Qui furent Seigneurs tres-puiſſans,
En grand renom dans la Province,
Autant que jamais y fut Prince.

Qui plus d'eux en voudra ſçavoir,
Ils peuvent en l'Hiſtoire le voir :
Car pour n'être pas ennuyant,
Je n'en dis qu'un peu en paſſant.

Aprés pluſieurs Regnes écoulez,
De pluſieurs Princes gouvernez,
Metz par grace magnifique,
Regne toûjours en ſon antique.

Le Prince qui Metz tenoit,
De l'Empereur la reprenoit :
Eſtant du Royaume d'Auſtraſie,
Ville premiere, pleine d'hereſie.

Metz Capitale du Royame d'Auſtraſie,
& la demeure ordinaire des Rois.

Utour de Metz la Cité,
A l'environ tant loin que prés,
Liſant ſelon la reteviſſe,
Se nommoit Païs de Torviſſe.

D'un Empereur qui fut mangé dés poux pendant douze ans.

912.

EN l'an de l'Incarnation
Neuf cens & douze, ou environ,
Un Empereur nommé Arnould,
Mourut étant mangé des poux.
 Quand Dieu punit la créature,
Medecin n'y peut mettre cure :
Car il fait tout si sagement,
Que nul ne sçait son jugement.

De la fondation de l'Eglise de sain Vincent 950.

950.

L'Evêque Thidric en son bon sens
Fonda l'Abbaye S. Vincent :
On doit avoir de luy memoire,
Que Dieu le reçoive en sa gloire.
 L'an de grace neuf cens cinquan,
Comme l'histoire peut nous apprendre,
Metz étoit grande en territoires,
Et peut y avoit d'Oratoires.

Comme le Roy Lothaire donna son nom à la Province de Lorraine 955.

955.

UN Roy qui se nommoit Lothaire,
Ainsi que nous le dit l'histoire,
Le nom d'Austrasie il changea,
En celuy de Lothoringia.

Ce Roy regnoit en l'an neuf cens,
Et cinquante-cinq en bon sens :
Ainsi, comme je puis décrire,
Possedoit la France & l'Empire.

Du temps de ce Roy & son Regne,
Luy fut donné nom de Lorraine :
Mais Metz en rien ne luy attient,
Mais Lorraine à Metz appartient.

Plusieurs Lorrains y ont fait guerre,
En la disant être leur terre :
Mais oncques, chêne, sapin ny tremble,
Ny pierre, Lorrains n'ont mis ensemble

Metz se dit vieille & antique,
Par son nom Mediomatrique,
En Europe la précedente ;
Tréves l'ancienne est sa suivante.

Devant qu'en Lorraine y eût Prince,
Ny nom de Duc en la Province,
Comte, Prevôt, Bailly, Sergent,
Etoit Metz mil ans devant.

Metz usoit ja de droit civil,
Avant qu'en Lorraine y eût Ville :
Lorraine est jeune & Metz ancienne,
Et de tout temps la Souveraine.

De la fondation de saint Pierre aux Images.

DU temps du benoît S. Goëry,
Qui plusieurs de mal a guéry,
Par un miracle fait de rage,
Fit fonder saint Pierre aux Images.

Quand la grande Eglise fut commencée,
qui étoit alors bien petite.

L'Evêque nómmé Theodorique,
Ses bienfaits luy ſoient en merite,
D'un cœur zelé plein de franchiſe,
Fit commencer la grande Egliſe.

Il prit cette dévotion
En l'an de l'Incarnation
Environ de mil & vingt ans,
Fut commencée en celuy temps.

Et ſi donna la grande Couronne,
Qui autour du Chœur environne,
Pour avoir memoire de luy,
Et fut deſſous enſevely.

En ce temps dit l'hiſtoire ſecrette,
L'Egliſe de ſaint Arnould fut faite
Au lieu même où ſaint Patient
L'avoit miſe au nom de ſaint Jean.

Dans ce temps le grand Charlemagne
Roy, & Empereur d'Allemagne,
En chaſſant au Bois à Lébay,
Fonda la Chapelle de Rabay.

Saint Godegrand, choſe certaine,
Fit faire l'Autel de S. Eſtienne,
Et un haut toiɛt riche & tres-grand,
Le tout couvert d'or & d'argent.

Il fit encore d'autres Edifices,
Et fonda pluſieurs Benefices :
Son corps fut inhumé à Gorze,
Et ſon ame au Ciel repoſe,

De bonne vie viennent bon lots,
Par un Evêque nommé Vallos,
En l'honneur de Dieu Créateur,
Fut fondée l'Eglise Saint Sauveur.

L'Eglise de Saint Sauveur

*Quand les Amans de Metz furent
établis 1200.*

L'Evêque Bertrand de Saxonne,
Grand Clerc & notable personne,
A Metz établit les Amans,
Qui sont encore depuis ce temps.
Quand les Amans furent établis,
Ils passoient tous Actes & Ecrits :
Ce fut un grand soulagement,
Pour le pauvre peuple ignorant.

*L'éta-
blisse-
ment
des
Amans
de
Metz.
1200.*

*Par qui le Corps de Saint Clement
fut relevé.*

UN Evêque nommé Herment,
Leva le corps de S. Clement,
Lequel le fit porter à Metz,
Et puis mourut trois jours aprés.

*Quand les Bannieres du commun furent
abolies 1283.*

MIl deux cens quatre-vingt-trois,
A Metz la Coûtume en étoit,
Que le Commun portoit Banniere,
Mais s'en abolit la maniere,

Le Commun contre les Parages,
Vouloit uſer d'anciens uſages ;
Mais pour y apporter bonne paix,
On les ſupprima pour jamais.

Les Lettres en ſont faites & bullées,
Qu'elles furent toutes brûlées :
Et aprés grand diviſion,
Ils revinrent en bonne union.

La Guerre de Saint Germain le Châtel
mil deux cens trente.

Jean
d'Apre-
mont.

L'An mil deux cens trente enviror,
Le ſurnommé Jean d'Apremon,
De l'Egliſe & de l'Evêché
De Metz étoit ſouverain Chef.
Entre l'Evêque & l'Evêché
Survint tres-grande adverſité,
Par débats ; & entr'autres faits,
Il s'y commit de grands forfaits.
Tout le peuple en fut aſſailly,
Le Parage du Port de Sailly,
De l'Evêque tinrent la bande,
Et fut la diſcorde plus grande.
Ces gens furent tous mis dehors,
Laiſſant leurs biens & leurs treſors,
Sinon un bâton en leur main,
S'en furent à Châtel S. Germain.
Tous leurs biens leurs furent ôtez,
Leurs maiſons détruites & pillées,
Et à Saint Germain peu aprés,
En leur Château furent aſſiegés.

Mais

Mais l'Evêque en grand diligence,
Amena gens de grand puissance :
Qui firent tant par leur support,
Qu'ils mirent tout chacun d'accord.
  Pourtant la guerre dura trois ans,
Qui fut un mal dur & pesant :
Où la guerre est c'est l'infortune
Du pauvre peuple de commune.

La division de Regnault de Bar Evêque de Metz 1302.

L'An mil trois cens & deux ans,
  Nôtre matiere poursuivant,
Regnault de Bar Evêque étoit,
Mais au peuple pas ne plaisoit.
  Entre l'Etat spirituel,
Et celuy-là du temporel,
Il y eut grande division,
Et dans la Ville confusion.
  Chacun prend volontiers du tien,
Donnant avec envie du sien,
Et pour ce sont vrais léopards,
Ceux qui prennent de toutes parts.
  Quand chacun dit qu'on luy fait tort
Vient tôt aprés le grand discord :
Car trop souvent user de force,
Fait tomber l'homme dans la fosse.
  L'Evêque jura un gros serment,
Qu'à Metz viendroit bien fortement :
Il arma en grand diligence,
Croyant faire peur par sa puissance.

G

Il pensoit venir assez calme
A Metz avec force Gendarmes ;
Mais y vint en procession,
Ou plûtôt par compassion.

Il changea dessein tout à coup,
Et vint coucher à Saint Arnould,
Le Dimanche y benit les Palmes
A grand nombre d'hommes & de femmes

Il jura par outre cuidance
Qu'à Metz entreroit par puissance ;

Paix entre l'Evéq; & les Messins

Il y entra bien voirement,
Mais ce fut débonnairement.

Le mystere en est remarqué ;
Ce fut Monsieur Saint Barnabé,
Qui fit pour le peuple la paix,
En la Place Saint Arnould devant Metz.

En cette Place de miracle,
Fut la Chapelle de Saint Fiacre,
Faite & fondée pour toûjoursmais,
Et nommée la Chapelle de Paix.

Quand les Templiers furent brûlez par tout le mõde

Mil trois cens, & sept entiers,
Furent brûlez tous les Templiers,
Par tout le monde en seul jour,
Chacun en montra son amour.

Quand le Palais de Metz fut rétably,
tout à neuf 1318.

L'An mil trois cens & dix-huit,
Ainsi que la Cronique suit,
Fut rétably jusques au fond,
Le Palais de neuve façon.

Quand les Corbeaax portoient le feu
és fêtes de saint Sauveur.

EN l'an mil trois cens & vingt,   **1320.**
A Metz telle fortune advint,   **& 1322.**
Que les Corbeaux le feu portoient,
Et sur plusieurs lieux le jettoient.
  Et il y eut en peu d'espaces,
Plusieurs maisons brûlez & arses;
Ce fut un jour de Saint Sauveur
Qu'arriva ce cruel mal-heur.
  Il faut entendre pour le mieux,
Que c'étoit punition de Dieu :
Dieu veüille garder la Cité,
D'une semblable adversité.

La guerre du Roy de Bohéme, des Ducs
de Luxembourg, de Lorraine, de Bar,
& l'Evêque de Tréves contre Metz.

LA guerre du Roy de Bohéme,   **Jean**
Ducs de Luxembourg & Lorraine,   **Roy de**
Du Duc de Bar & l'Electeur   **Bohéme**
De Tréves, à Metz fut un mal-heur.   **1324.**
  En mil trois cens vingt-quatre ans,
Un Roy de Bohéme nommé Jean,
Déclara la guerre aux Messins,
Avec ceux de Tréves leurs voisins.
  Le Duc de Lorraine d'autre part,
Accompagné d'un Duc de Bar,
Vinrent contre Metz combattre,
Et s'y trouvérent ensemble eux quatre.

Pour vous en dire le bref & court,
A Luxembourg tenoient leur Cour;
Mais diligemment par Exprés,
Vinrent tous au siége de Metz.

Et firent de tres-grands dommages,
Brûlans plusieurs Bourgs & Villages,
Sans pitié & sans conscience,
Avant qu'on en eût méfiance.

Le siége devant Sampigny par ceux
de Metz 1324.

1324.

AInsi que guerre toûjours se mene,
A Sampigny furent onze semaines
A combattre la garnison,
Sans gagner château ny maison.
A Metz les convint retraire,
Car trahison leur fut contraire;
Et eurent deux Seigneurs de tuez,
Devant que d'être retournez.

De deux Bouchers qui furent noyez à
Metz 1347.

L'An mil trois cens quarante-sept,
Furent mis en fers & en seps,
Deux freres qui étoient Bouchers,
Que l'on fit tous les deux noyers.
L'un avoit pour nom Uguenon,
Mais de l'autre ne sçais le nom,
Pour ce qu'ils avoient par mal-heur,
Conspiré contre leur Seigneur.

*La guerre de Didelange par ceux de
la ville de Metz 1349.*

CHâtel Saint Evre & Thiocourt,
Et Didelange & Aumécourt,
Avec plusieurs autres Places,
Furent prises en peu d'espaces.
L'an treize cens quarante-neuf,
Ils prirent chevaux, vaches & bœufs,
Et du butin pour bonnes sommes,
Et des ennemis quatorze hommes.
Onze en prirent, & d'une épée
A trois ont la tête tranchée,
Et les autres furent punis,
Comme des cruels ennemis.

*La guerre des Lorrains & des Allemans
contre ceux de Metz 1351.*

MIl trois cens cinquante & un,
D'un usage assez commun,
Les Lorrains & les Allemans,
S'allierent ensemblement.
Puis livrerent guerre aux Messins,
Venans ravager tous les biens,
Se servans de l'occasion,
Pour plumer la poulle & l'oison.
Ainsi ces cruels ennemis,
S'avancerent dans le pais,
Et s'en allant de troupe en troupe,
Aux païsans mangeoient la soupe.

Lorrains ne cesserent jamais,
De faire la guerre à ceux de Metz,
Et réveillant les endormis,
Ont toûjours été ennemis.

Tantôt fut la guerre enflâmée,
Et à Fleury vint leur armée,
Où aussi-tôt dresserent leurs tentes,
Au nombre de vingt-cinq ou trente.

Il y avoit de fines mouches,
Qui faisoient de grandes escarmouches
Qui ne valoient pas tronc de choux,
Dont ils en furent bien-tôt saouls.

Ils faisoient de tres-grands ravages,
Brûlans tous les pauvres Villages,
Ils forçoient les filles & les femmes,
Et commettoient des crimes infames.

Aprés leur convint départir,
Chacun en son lieu revenir,
Mais ceux de Metz aprés sortirent,
Et leur puissante armée défirent.

Les Messins ne furent point lâches,
Mais comme diligens personnages,
Commencerent à s'appareiller,
Pour leurs ennemis pourchasser.

A grand hâte allerent à Ancy,
Détruisant tout jusqu'à Nancy,
Brûlant Forteresse & Fauxbourg,
Et tout le Païs d'allentour.

Assaillirent Froüart & Rosiéres,
Fortes maisons firent à Maiziéres,
Et furent tous en joye remis,
Par la fuite de leurs ennemis.

Le Sire Thiébault de Blamont,
Noble Chevalier de rénom,
Fut fait des Messins Capitaine
Pour aller brûler en Lorraine.

Mais il leur avint une allarme,
Des Lorrains sept cens hommes en arme
Dont sept vingts furent attrapez,
Plusieurs tuez, morts & blessez.

Des Messins ne mourut qu'un homme
Mais des blessez y eut grand somme,
L'un bien joyeux, l'autre marry,
L'un fort malade, l'autre guéry.

Du principe ny du conclud,
Pour abreger je n'en dis plus,
Sinon pour réduire en mémoire
De Metz la celebre Histoire.

*Quand le Roy de Bohéme vint à Metz
en l'année 1353.*

EN mil trois cens cinquante-trois,
Vint de Bohéme à Metz un Roy,
Qui fit Duc le Comte de Bar,
Quelques jours avant son départ.

*Quand l'Empereur & l'Imperatrice
vinrent à Metz 1356.*

L'An mil trois cens cinquante-six,
D'un bon vouloir & sens rassis,
Vint à Metz par haute entreprise,
L'Empereur & l'Imperatrice,

Avec plusieurs Princes & Seigneurs,
Entr'autres les sept Electeurs,
Il tint sa Cour au Champ-à-Seille,
Jamais on ne vit la pareille.

Grands Princes, Ducs, Sénéchal,
Servoient les mets tous à cheval;
C'étoit un Paradis terrestre
A celuy-là qui pouvoit être.

La nuit de Noël à Matines,
Des Leçons chanta le sepine,
Sa noble Couronne affublée,
Tenant dans sa main son épée.

Quand il fallut sçavoir la richesse &
puissance d'un chacun 1365.

EN celuy temps en la Cité,
Il fut aux Manans récité,
Que d'un chacun falloit sçavoir,
Les moyens qu'il pouvoit avoir.
Chacun faisant voir son moyen,
On le taxoit suivant son bien,
De cent livres payer convint
Dix sols, & l'année d'aprés vingt.

La guerre de Pierre de Bar contre les
Messins en 1367.

IL arriva que dans ce temps,
Pierre de Bar Prince puissant,
Sans besoin ny necessité,
Eut guerre contre la Cité.

DE METZ.

Ainſi dans cette même année,
La Cité mit ſur pied une armée,
Et par force d'armes & d'aſſauts,
Prirent le Château de Machaux.

Encore pendant icelle année,
Pour les Meſſins tres-fortunée,
Qui faiſoient tout ſelon leur gré,
Fut gagné le Château de Hey.

Où dedans fut pris le Seigneur,
Avec ſon frere par grand rigueur,
Qui furent dans Metz amenez,
Pour y être décapitez.

Et dans ce temps vers la Touſſaints
Par les Meſſins & les Lorrains,
Fut le Château de Belleville,
Détruit, raſé, mis en éxile.

Puis les Meſſins diligemment,
Furent aſſieger incontinent,
Le nouveau Bourg de Briy,
Qui fut tout brûlé & péry.

Et par Charpentiers & Maçons,
Fut détruit le Bourg de Mouſſon,
Et ſans prendre plus de répy,
Ils abbatirent Charrexy.

Toutes ces choſes en une année,
Furent faites par nôtre armée,
Ce fut à grands frais & coûtange,
Mais aſſez gagne qui ſe vange.

L'année d'aprés comme il s'enſuit,
Vint Gondrécourt Prince à grand bruit,
Accompagné de Gentilshommes,
Et de pluſieurs autres perſonnes.

Mr. des Armoi-ses dé-colé.

Le sieur Nicolas des Armoises,
Passa le temps mal à son aise,
Car il fut pris & attrapé,
Et aprés eut le chef coupé.

Le Comte de Saint Paul pendu.

Nos Messins étoient si puissans,
Si genereux & si vaillans,
Qu'ils prirent le Comte de S. Paul,
Et le pendirent par le col.

Châ-teau de Mercy pris.

Dans cette même année aussi,
Fut pris le Château de Mercy,
Par ceux de Metz un beau matin,
Où ils gagnerent un bon butin.

*Quand le Duc de Bar fut pris prisonnier
à Ligny en Barrois 1368.*

L'An mil trois cens soixante & huit
En joye, soulas & beau déduit,
Sortirent de Metz bien cinq cens hômes
Dont plusieurs étoient Gentilshommes
Entre lesquels un Chevalier
Nommé Robert de Hervillier,
Servant la Cité à ses gages,
Etoit cause de faux langages.
Par Jean de Maye ainsi nommé,
Qu'étoit du Barois natif né,
Iceluy avoit dit l'injure,
Mais il en fut prouvé parjure.
Si bien en fut hargné aux champs,
A lances & à épées tranchans,
Chaupierre devant le Duc de Bar,
Estoit Juge pour les deux parts,

Ils étoient tous deux Gentilshommes
Chacun obligez pour la somme
De perdre leurs vies & honneurs
Devant le Duc & les Seigneurs.

Quand ce vint à prouver la noise,
En Avril le jour saint Ambroise,
Celuy de Metz s'y transporta,
Mais l'autre point ne s'y trouva.

Les Messins y furent joyeux,
Quoique trahison fût sur eux,
Par les chemins furent attaquez,
Dont ils furent bien étonnez.

Dans ce lieu leur fallut combattre,
N'étans pas deux contre quatre :
Mais s'ils n'étoient pas les plus forts,
Dieu les arma de reconforts.

Quand ils virent si forte guerre,
D'abord mirent tous pied à terre,
Et frapant d'estocq & de taille,
Gagnerent le champ de bataille.

Enfin ils emporterent le prix,
Et y fut le Duc de Bar pris,
Avec bien six vingts Gentilshommes,
Et du butin pour bonnes sommes.

A Metz, fut le Prince amené,
Dont grand deüil en fut demené :
Si les Barisiens avoient troubles,
Les Messins avoient joyes au doubles.
Or aprés pour conclusion,
Dieu met par tout provision,
Paix vint entre tous les Seigneurs,
Qui vécurent aprés en douceurs.

pendant
ſa priſõ
à Metz.

Mais le Duc pendant ſa priſon,
Fit bâtir par dévotion,
Le Monaſtere des Peres Carmes,
En l'honneur de Nôtre-Dame.

La guerre des Lorrains contre ceux de
Metz en 1371.

Terres
deMetz
détrui-
tes par
les Lor-
rains.

La Lor-
raine
brûlée
par les
Meſſins.

Mil trois cens ſoixante & onze,
Pas ne priſerent Metz une once,
Les Lorrains, qui firent telles guerres,
Qu'ils détruiſirent toutes les terres.
Les Meſſins pour prendre vengeances,
Prirent à leurs gages neuf cens lances,
Avec eux, & leur Capitaine,
Brûlerent toute la Lorraine.
Ils y gagnerent pluſieurs Places,
Villes, Châteaux, Forts & Terraſſes,
Et du butin pour bons deniers,
Avecque pluſieurs priſonniers.

Comme ceux de Pierrefort brûlerent la
Horgne au Sablon le jour du S. Sacre-
ment, & dépoüillerent les Dames de
Metz qui danſoient au Champ Papanne
en l'année 1372.

Horgne
au Sa-
blon
brûlée.

Mil trois cens ſoixante & douze,
Ainſi que le mal-heur ſe prouve,
Ceux de Pierrefort par trahiſon,
Brûlerent la Horgne au Sablon.

Par un jour du Saint Sacrement,
Vinrent courir secrettement
Devant les Portes au Champ Papanne,
Et dépoüillerent aux danses les Dames.

*Comme ceux de Metz coururent aprés
ceux de Pierrefort.*

MAis ceux de Metz coururent aprés
Et poursuivirent de si prés,
Qu'ils les attaquerent bien fort,
Avant qu'ils fussent à Pierrefort.
Tous furent tuez ou noyez,
N'en falut que sept prisonniers,
Qu'on ramena la corde aux cols,
Leur montrant qu'ils étoient tous fols.
Les Messins comme des braves hômes
Rapporterent écharpes & couronnes,
Couroyes & joyaux de haut prix,
Que sur les Dames ils avoient pris.
On se voit bien souvent trompé,
Pour n'être pas bien conseillié :
Ils croyoient avoir bon butin,
Mais ils se leverent trop matin.

*Trois diverses Tailles sur le peuples en
une même année 1372.*

EN cette année dans la Cité,
Y avoit d'argent necessité,
Et falut pour trouver dequoy,
Tailler le peuple jusqu'à trois fois.

*Quand les Meſſins gagnerent le Château
de Sogne en 1372.*

EN cette année ſans faire lorgne,
Fut gagné le Château de Sogne,
Par les Meſſins dans une Vêprée,
Dont il y eut cinq têtes coupées.
  Aprés biens & Château perdus,
Vingt-neuf y furent pendus ;
Le reſte des Soldats armez,
Furent tous tués ou noyez.
  Pierre de Bar les y avoit mis,
Qui aux Meſſins n'étoient amis ;
Sogne étoit mauvaiſe maiſon,
Pleine de fauſſe garniſon.

*La danſe de la Saint Iean, arrrivée en
mil trois cens ſeptante-quatre.*

TReize cens ſoixante & quatorze,
Au monde advint piteuſe choſe,
Que tout chacun alloit danſant,
Un jour de la Fête Saint Jean.
  C'étoit choſe épouventable,
Bien douloureuſe & pitoyable,
Car l'homme même le plus ſenſé,
En étoit tout épouvanté.
  Fût-ce en dormant, fût-ce en veillant,
Fût-ce ſur pauvre ou ſur vaillant,
Enfin où la fortune venoit,
Danſer d'abord leur convenoit.

Le Prêtre en faisant son Service,
Le Juge sceant en Justice,
Le Laboureur en son labeur,
Chacun se sentoit de douleur,
 Ainsi dansoient neuf ou dix jours,
Sans avoir repos ny secours,
Ou plus ou moins à l'avanture,
Comme est le mal és créatures.
 Dansans le jour S. Jean en Chambre
L'un l'autre ne pouvoient attendre:
Dans la Ville y eut des dansans,
Tant grands que petits quinze cens.

De la fondation des Celestins, de la 1374.
Chapelle en Champ-à-Seille, & de
Nôtre-Dame aux Champs.

Bertrand le Hongre en celuy temps   Les Ce-
Tres-puissant en or & argent,   lestins.
Qui aimoit Dieu & tous ses Saints,
Fit commencer les Celestins.
 Xelé de grand dévotion,
Fit pour eterniser son nom,   Nôtre-
Bâtir à ses frais & dépens   Dame
L'Eglise de Nôtre-Dame aux Champs.   aux
 Il étoit noble Chevalier,   Champs
Et de son Prince Pannetier:
De l'Evêque de Metz heritier,
Mais tres-dévot pour Dieu prier.
 Commencer les fit & parfaire,   La Cha-
Maintes autres belles œuvres fit faire, pelle au
Comme la Chapelle au Champ-à-Seille   Champ-
Qui fut une Eglise tres-belle.   à-Seille.

La guerre des grands Brétons contre ceux de Metz 1375.

EN cette année par grand surprise,
Ainsi qu'en l'écriture est mise,
Vinrent gendarmes & piétons,
Qu'on appelloit les grands Brétons.
Quinze jours furent aux Villages
Dessus nos terres à grands dommages :
On les nommoit en si grand somme,
Qu'on les estimoit cent mil hommes.

Afin d'éviter bien des peines,
Les Seigneurs vers les Capitaines
Furent porter un pot de vin
De trente-quatre mil florins.

Lors ils entrerent en l'Evêché,
Où l'Evêque en fut bien fâché,
Et de gros dons leur fit donner,
Afin de les faire en aller.

Ceux de Metz tout allentour,
Brûlerent les Villages & les Bourgs,
Et chacun sauvoit tout son bien,
Afin qu'ils ne trouvassent rien.

Car s'ils avoient quelque chose trouvé,
Ils n'auroient pas encore décampé :
Et faute de trouver pour vivre,
Il falut leur chemin poursuivre.

On dit souvent qu'amour est doux,
Et qu'avec argent on fait tout :
Mais tant fussent-ils grands & puissans,
Déchassez furent par argent.

D'un

*D'un Chanoine qui fut dix ans dans la
prison au pain & à l'eau 1377.*

Mil trois cens soixante & dix-sept,
On mit en prison & retraite,
Un Chanoine de la grande Eglise,
Pour faute qu'il avoit commise.
  Contre un homme il prit tel discord
Qu'il le blessa jusqu'à la mort,
Puis chés le Doyen fut mené,
Et fut par luy examiné.
  Il y demeura trois semaines,
Sans souffrir douleurs ny peines :
Et puis fut rendu au Clergé,
Pour être à peine condamné.
  Il fut jugé par le Grand-Maître,
Qui le condamna enfin d'etre,
Dix ans entiers dans un cachot,
N'ayant que du pain & de l'eau.
  Voila quel fut son jugement,
Qu'il souffrit tres-patiemment,
Et fut de la mort échapé,
A cause de sa dignité.

*Quand la Bullette fut établie dans la
ville de Metz 1380.*

L'An mil trois cens & quatre-vingts,
Par le conseil des Eschevins,
Fut ordonnée la Bullette,
Pour sceller tous Contracts & Lettres.

H

CRONIQUES

Mutte deux fois refonduë en une année
mil trois cens quatre-vingts-un.

TReize cens & quatre-vingts-un,
La grosse Cloche du Commun,
Qu'on dit Mutte, fut refonduë
Deux fois à grand peine perduë.

La guerre du Duc de Juliers en l'an
mil trois cens quatre-vingts-six.

EN l'an treize cens quatre-vingts-six
Par conseil de mauvais amis,
S'éleva guerre bien terrible,
Qui fut aux Messins fort nuisible.
  Premier fut le Duc de Juliers,
Qui étoit tres-vaillant guerrier,
Avec un autre compagnon,
Nommé le Comte de Mousson.
  Un autre Seigneur d'Allemagne,
Vers Boulay tenoit la campagne,
Avec luy plusieurs Chevaliers,
Et quantité d'autres guerriers.
  C'étoit à qui pourroit mal faire,
Sur le pauvre peuple en misere,
Brûler, violer ou forcer,
Chacun en faisoit le mêtier.
  Enfin faisoient si grands outrages,
Sur les pauvres gens de Villages,
Détruisans les corps & les biens,
Les traitoient ainsi que des chiens,

Aprés qu'ils eurent fait retraite,
Ne fut pourtant point la paix faite,
Car ceux de Metz les furent chercher.
Prés de Thionville pour batailler.
Le Château de devant Thionville,
Fut pris par maniere subtile,
Et tant de maux y furent faits,
Que plus terribles on ne vit jamais,
Le Château fut pris & brûlé,
Volé, pillé & saccagé,
Gens tuez & patibulez,
Sans aucuns en être echapez.

La guerre de Lutange, de Hetange, &
Champion en 1387.

L'An treize cens quatre-vingts-sept,
Les Gendarmes de par les Sept
De Metz abbatirent Hettange,
Champion & aussi Luttange.

La guerre du Comte de Saint Paul en
mil trois cens nonante-cinq.

Dans le temps même de la moisson
Le Comte S. Paul par trahison,
Vint livrer la guerre aux Messins,
Et mit le feu dans tous les grains.
Souvent sur la pauvre Cité,
Y a eu grande adversité,
Souvent ses gens à mort offrir,
Et bien de la peine souffrir.

H

*De deux Gentilshommes qui furent
décolez devant la grande Eglise 1398.*

L'An mil trois cens nonante-huit,
Ainsi que l'histoire le dit,
Deux Gentilshommes sans remise,
Moururent devant la grande Eglise.
Otées leurs furent leurs épées,
Pour être leurs têtes coupées,
Ainsi qu'ils avoient merité
Par leur infame lâcheté.
Leurs forfaits leurs furent rendus,
Quinze de leurs Valets furent pendus,
Et dix-huit qui dans la prison,
Moururent par punition.
Ces deux Gentilshommes gaillards,
Accompagnez de grands pillards,
Pilloient, voloient sur le commun,
Et generalement sur chacun.
Deux Amans Cette année dans le même temps,
punis Furent aussi jugez deux Amans,
pour Pour avoir fait de faux Ecrits,
crime Furent bannis hors du païs.
de faux

*La guerre de quatre Comtes avec ceux
de Metz en 1404.*

L'An mil quatre cens & quatre,
Pour quelques querelles débattre,
Plusieurs Seigneurs de plusieurs Terres
Contre la Cité firent guerres,

Le Duc de Lorraine & l'Evêque,
Et les Seigneurs de Metz avecque,
Firent ensemble un Compromis,
Pour faire guerre à leurs ennemis.
 C'est ainsi qu'est écrit en compte,
Premier y avoit quatre Comptes,
Et plusieurs autres Chevaliers,
Avec grand nombre d'Officiers.
 Cette guerre dura trois ans,
Qui fut un fardeau bien pesant,
Aux pauvres peuples fatiguez,
Pillez, ruinez, & outragez.

Du cher temps qui vint la même
année 1404.

L'An mil quatre cens & quatre,
Coûtoit le bled cent sols la quarte,
Sans siller, vanner & sans battre,
Bon temps en fit cent sols rabattre.

Revolte des Bourgeois de Metz contre
leurs Seigneurs 1405.

EN l'an mil quatre cens & cinq,
Grande dissention advint,
D'où se forma une querelle,
Qui fut dangereuse & cruelle.
 Plusieurs gens de la Cité,
S'assemblerent en grand quantité,
Pour quelques causes de rigueurs,
S'éleverent contre les Seigneurs.

Voyans ainſi la choſe mal dite,
Tous les Seigneurs prirent la fuite,
Craignans du mal être accuſez,
Et n'y en eut qu'un des attrapez.

Ce fut le Seigneur Jean Groignet,
Qui paya pour tous le mal fait :
Deſſus luy chut telle tempête,
Qu'on luy fit trancher la tête.

Un an les peuples furent maîtres,
N'oſans les Seigneurs paroîtres :
Ainſi uſoit de ſon vouloir,
Un chacun ſelon ſon pouvoir.

Et dura la diſſention,
Juſqu'au jour de l'Aſcenſion :
Un an entier moins cinq ſemaines,
Fut dans la Ville douleurs & peines.

Trente-ſix Bourgeois exécutez & noyez
par la cruauté des Seigneurs.

Quand les Seigneurs furent revenus
Et de leurs peuples ſoûtenus,
En firent prendre trente-ſix,
Pour être de leur crime punis.

Le cas ne pûrent dénier,
Pour ce on les fit condamner,
D'être noyez, quelle cruauté !
Tous gens de grande parenté.

Grand bonheur qui a bon Seigneur,
Grand profit d'un bon Gouverneur,
Grand plaiſir de femmes & d'enfans,
Quand tout eſt régi par bon ſens.

La guerre de quatre Seigneurs de Saverne,
de Salm, de Naſſau, & de Boulay
contre la Cité en 1405.

ADvint encore en cette année,
Qui étoit tres-mal fortunée,
La guerre de quatre Seigneurs,
Qui cauſa grands pertes & mal-heurs.

Savergne, Naſſau, Boulay & Salm,
Seigneurs genereux & ſans blâme,
Accompagnez de leurs Gendarmes,
Vinrent à Metz donner grande allarme.

Ils marchoient en tres-bel arroy,
Et vinrent juſqu'au Genetoy,
Où les Meſſins furent au devant,
Mais furent traitez tres-rudement.

Là ils eurent pluſieurs gens tuez,
Et grande quantité de bleſſez,
Tous Seigneurs de qualité,
Et des Bourgeois grande quantité.

Ce fut un horrible carnage,
Et jamais ne fut tel outrage,
Car jamais ne s'étoient trouvez
En de pareils démêlez.

Ce n'étoit que confuſion,
Cris, pleurs & lamentation :
Quand fortune nous eſt contraire,
Chacun eſt mal en ſon affaire.

Tous les Seigneurs qui furent pris,
N'échaperent pas ſans bon prix ;
Et tous ceux qui furent emmenez,
Furent cherement rançonnez.

Pluſieurs Seigneurs & Bourgeois tuez & pris.

CRONIQUES

POur une bonne intelligence,
Fut faite nouvelle alliance,
Des Ducs de Lorraine & de Bar,
Metz, & l'Evêque d'autre part.
  Ensemble furent alliez,
Princes, Prelat, & Chevaliers,
Sans avoir guerre ny méfiance,
Durant le temps de l'alliance.
  Le Duc Robert & le Duc Charle,
Metz, & l'Evêque dont je parle,
Qu'on nommoit Raoul de Couffy,
Vivoient tous en paix sans soucy.
  La paix est bonne pour les Marchands
Et aussi pour les menus gens :
Car la guerre bonne ou mauvaise,
Met toûjours quelqu'un en mal-aise.

DAns ce temps le Duc de Bar,
Hõme plus fin qu'un vieux renard,
Fut longtemps à Metz en prison,
Pour quelque malversation.
  Quand de prison fut délivré,
Usa encore d'indignité,
Car s'il avoit fait une faute,
Il en commit bien-tôt une autre.

Comme

Quand la quarte de vin ne valoit qu'-
une Angevine à Metz. 1461.

L'an devant la mortalité
Furent les vins en telle quantité
Dans Metz & le Païs Meſſin,
Qu'on le bailloit faut dire pour rien.
Tant en fut par grace divine,
Qu'on donnoit pour une Angevine
La quarte de vin dedans Metz,
Et ſi n'y avoit-il pas grand preſſe.

La grand foudre qui tomba ſur Metz.

Une foudre vint, mais ſi cruelle,
De glace & de ſi groſſe grêle,
Que l'on eſtimoit tout perdu,
Tout abîmé & confondu.

La grande mortalité. 1462.

Dans Metz on mouroit de telle force
Qu'on y mit bien des corps en foſſe,
Tant és Fauxbourgs qu'en la Ville,
En quatre mois bien quatre mille.

Quand le feu fut ſur les voûtes de la
grande Egliſe. 1466.

L'an mil quatre ſoixante-huit,
Par un mal-heur tout ſubit,
Fut le feu en la grande Egliſe,
Deſſus les voûtes bien empriſes.

Quand on vit paroître une grande Co-
mette en l'air.

L'an mil quatre cens ſeptante-un,
Le Ciel fit voir à un chacun, 1471.
Dedans l'air une grand Comette,
Qui annonça douleur & perte.

F I N.

www.ingramcontent.com/pod-product-compliance
Ingram Content Group UK Ltd.
Pitfield, Milton Keynes, MK11 3LW, UK
UKHW021745090726
13657UKWH00002B/925